中公文庫

日本語の技術

私の文章作法

清水幾太郎

中央公論新社

目次

日本語の技術

私の文章作法

まえがき

私たちは日本人であるため、みんな「日本語の名人」のような気持になっている。しかし、これは大変な間違いで、この間違いを改めるために、私は、『日本語の技術――私の文章作法』を書いた。

確かに、仲間とペラペラ喋ったり、週刊誌を読んだり、ノートを取ったりしている間は、「名人」かも知れないが、何人かの人間の前で話すとか、堅い本を読むとか、とりわけ、他人に読んで貰うような文章を書くことになると、「名人」どころか、全く手も足も出ないものである。考えてみれば、それは当然のことで、戦後の学校教育では、そういう技術は一つも教えてくれないからである。

私たちの母国語である日本語は、使用人口から見ると、世界で五番目か六番目の、押しも押されぬ大言語である。ドイツ語、フランス語、イタリア語などより、使用人口は遥かに多い。また、現在の漢字仮名交り文は、既に一千年を越える歴史を持つ、私たち日本人の貴重な伝統である。その日本語で、当の日本人が手も足も出ないというのは、全く情ない話である。

私も決して「名人」ではない。ただ、数十年間、読むこと、話すこと、特に書くことで、人一倍苦労して来た経験を持っている。その経験を正直に披露したら、手も足も出ないで困っている人たちに、少しはお役に立つのではないか。そう思って、私は本書を編んだ。この本は、最初から最後まで、日本語の使い方で苦しんで来た私自身の告白である。

有難いことに、最近は、「日本語ブーム」が起っている。「ブーム」という言葉を私は好まないが、日本語を論じた書物が次々に出版され、また、日本語に関する講座類が次々に刊行されて行く有様を眺めていると、遅ればせながら、敗戦と共に始まった植民地時代への反省、それからの脱却が始まっているように思われる。

私は、まだ「ブーム」などが起らなかった時代に、『論文の書き方』（岩波新書、昭和三十四年）という本を書いたことがある。この本は、幸いなことに、多くの読者を得て、もう百万部を突破しているであろう。根本の考え方は同じであるから、『日本語の技術——私の文章作法』は、まあ、『論文の書き方』の姉妹篇のようなものである。ただ、後者が少し堅い調子で書かれているのに対して、前者は、冗談を交ぜて、相手に話しかけるような口調になっている。また、後者が、書く技術だけを取扱っているのに対して、前者は、書く技術を中心に据えながら、話す、読む、聞く技術にも及んでいる。

もともと、本書の或る部分は、実際に、相手に向って話し、その記録を整理して出来上ったものであるが、他の部分は、実は、眼前にいる相手に話しかけるようなポーズで書いたものである。こんな方法を真似して戴きたいとは思わないけれども、こういう方法もあることは、知っておいて戴きたいと思う。

本書の内容の大部分は、旧著『私の文章作法』（潮出版社、昭和四十六年）に含まれているが、或る事情で、或る時期から、この本が姿を消し、誰かのお世辞によると、「幻の名著」になってしまった。それが、今度、新しく上木されることになったので、これを機会に、新しく数章を書き加え、また、全面的に改訂を施した。

昭和五十一年十二月

清水幾太郎

一　文章らしい文章とは何か

1　好きな文章を真似ること

文章に対する好き嫌いがあるか

　以前から考えているのですが、人間というものは、生れつき、文章の書ける人と、書けない人とに分れているように思います。言い換えて、文章というものに縁のある人と、縁のない人とに分れていると申してもよいでしょう。勿論《もちろん》、小学校の一年生でも、何か文章らしいものは書けるに相違ありませんが、私の言うのは、多少とも良い文章を書くという点で縁があるかないかということです。兎に角、文章らしい文章が書けるようになるか、ならないか、それは人間の生れつきの性質のように思われます。

　それでは、良い文章が書ける見込みのある人、文章というものと縁のある人というのは、一体、どういう人なのでしょうか。いや、それは、全く簡単なことで、文字や言葉や文章に相当の好き嫌いのある人、それが見込みのある人、縁のある人なのです。私たちは、日常、新聞や雑誌や書籍を読んでいます。読んでいれば、いろいろな文字、いろいろな言葉、いろいろな文章が、毎日、私たちの眼に触れることになります。その中の或る文字、或る言葉、或る文章を大変に好きだと思い、反対に、その中の或る文字、或る言葉、或る文章を非常に厭だと感じるような人、そういう人は、立派な文章が書ける素質のある人だろうと思います。なぜなら、その人の好きな文体の所有者を一所懸命に真似ることによって、文章修業の道へ入って行くことが出来るからです。

文章ばかりではありません。その辺の食堂で粗末な豚カツを食べても、立派なレストランの高級な洋食を食べても、同じように美味《おい》しいと感じるような人、インスタント・ラーメンと本格的な中華料理との区別が出来ないような人は、仕合せな人かも知れませんが、決して立派な料理人にはなれないでしょう。みなさんは、自分の読んでいる文章に好き嫌いがあるかどうか、それを反省してみて下さい。好き嫌いがあれば、大いに脈がありますが、なければ、残念ながら、あまり脈はありません。

私は、大学を卒業してから四十何年間か、文章を書いて生活して来ました。私のスタイルが優れているか否か、それは、それこそ、みなさんの好き嫌いによるのでしょうが、今から振返ってみますと、幼い時から、文字の好き嫌いだけはあったように思います。私は東京の日本橋に生れて、そこで少年時代を過ごしました。ただ、小学校三年生の夏休の間だけ、福島県の山の中の温泉宿に預けられていたことがあります。宿は、谷川に沿ってポツンと一軒だけ立っていました。

好きな文字は、文章への第一歩

或る日の夕方、蜻蛉《とんぼ》を追って、一キロぐらいでしょうか、谷川の上流の方へ行ってみましたら、そこにも一軒の温泉宿のようなものがあって、それが、誰かが壊したのではなく、自然に崩れ落ちて、その全体が、絶えず湧き出る温泉に浸されて、すっかり煮えたようになっているのです。蜻蛉を捕えるのも忘れて、私は、湯煙の中に沈んでいる毀《こわ》れた家をボンヤリと眺めていました。何処《どこ》にも人影はなく、湯の流れる音だけが聞こえます。

それを眺めながら、私は——やはり、少し早熟だったのでしょう——「廃屋」という言葉を思い出しました。そして、美しい言葉だな、と感じました。今でも覚えているのですが、その頃の私は、この「廃」という文字が非常に好きでした。こういう景気の悪い文字が好きだったのには、私がひどく病身であったという事情もありましょう。また、祖父の始めた「士族の商法」が完全に行き詰まって、家に暗い空気があったという事情もありましょう。何れ《いず》にしろ、この文字が好きでした。文章を書く時は是非とも使ってみたいような、しかし、使うと減ってしまうような、気がかりな文字でした。

「廃墟」や「廃残」という言葉など、ゾクゾクするくらい好きでした。いくら早熟だからといって、小学校の三年生が、そんな言葉を知っている筈はない、とあなたはおっしゃるんですか。嘘ではありません。本当に知っていたのです。その理由は、そのうちお話しましょう。

今度は嫌いな文字の話をしましょうか。昭和十二年頃だったと思います。大学を卒業して六年目ぐらい、私が駆け出しの評論家だった時期です。或る出版社の編集者が現われて、青年の問題について書物を書いてくれ、と言うのです。私自身がまだ一人の青年なのですから、自分の内部を顧みても、書きたい問題は幾つかあります。彼の話を聞きながら、書いてもよいな、と私は考えていました。——いいえ、結局、書かなかったのです。と申しますのは、この編集者は、文字に相当の好き嫌いがあって、表題は「現代の青年像」ということにして下さい、と強く言うのです。彼は「像」という文字が好きで堪《たま》らないから、この際、是非とも、この文字を使って戴きたい、と言うのです。

この人は、文字に強い好みがあるのですから、文章というものに大いに縁のある人なのです。ところが、私の方は、この「像」という文字を全く使わないわけではないのですが——使わなかったら、想像や肖像のことが書けません——かなり嫌いなのです。「現代の青年像」という標題など、考えただけで、ウンザリしてしまいます。敵ながら天晴《あっぱ》れ、とは思いましたが、標題の点で完全に物別れになってしまいました。

真似ることが文章修業の本道

他人の書いた文章に好き嫌いのある人なら、文章を書くということに縁がある、と私は申しました。なぜなら、本当に立派な文章が書けるようになる日まで、この縁を生かして、作家でもよい、学者でもよい、自分の好きな文体の所有者の文章を徹底的に真似ればよいからです。実際に、その人の文章と瓜二つのような文章を何篇も書いてみることです。これが文章修業の本道で、それ以外に道はありません。一にも真似、二にも真似、三にも真似です。

私は、文章の書き方を尋ねられるたびに、右のような方法を勧めて来ました。ところが、真似をしなさい、と私が言いますと、必ず沢山の苦情が出るのです。一体、人間の個性をどう見るのか。オリジナリティを大切だと思わないのか。卑屈ではないか。きっと、そういう苦情が出るのです。私にしても、個性やオリジナリティは貴いと思いますし、卑屈を美徳とは考えていません。

しかし、修業というものは、特に初歩の段階においては、みな誰かの真似をすることなのです。私たちが日本語を読んだり話したりするのも、また、数学が少し出来るのも、幼い時代に周囲の大人や先生の真似をした結果にほかなりません。現在の私たちは、意識的にせよ、無意識的にせよ、他人の真似をして来た産物なのです。もし真似がいけないのなら、すべての修業、すべての教育は諦めるよりほかはないでしょう。御承知のように、現在、日本の学校教育では、文章を書く方法は殆《ほとん》ど全く教えられていません。こんな情ない学校教育があるでしょうか。稀に作文を指導する奇特な先生がいても、生徒に向って、思った通りに書きなさい、と言うばかりです。抑〻《そもそも》、思った通りに書くというのは、どういうことなのか。それは、勝手にしろ、ということを少し言い換えたものです。本当に、思った通りに書けるものなら、誰も文章で苦労などする筈はないのです。ピアノを弾きたいという少女に向って、思った通りに弾きなさい、と教える音楽家がいるでしょうか。彼女は、如何《いか》に非個性的でも、如何に卑屈でも、バイエルから始めなければならないのです。

日曜日の午後になりますと、ＮＨＫのラジオでもテレビでも、「のど自慢」が始まります。あれを聞いていますと、出場する多くの人たちが、美空ひばり、都はるみ、五木ひろし、森進一、そういう歌手たちの歌い方を真似ていることが判ります。あの人たちは、一生を真似で過ごそうと考えているのではないでしょう。しかし、これらの歌手の真似をすることを通じて、自分の好きな歌い方を身につけようとしているのです。事実、真似をしながら、あの人たちのうちの或るものは、自分を本格的な歌手に鍛え上げて行ったのです。

2　経験を伝統から解放すること

経験よりも、名文の型だけを重んじた美文時代

　思った通りに書きなさい、と忠告するのは、勝手にしろ、というのを少し言い換えたものだ、と私は申しました。実際、そう忠告されても、それで書けるわけではないのです。そのため、取敢えず、誰か自分の好きな文体の所有者の真似をすることから始めよう、と私は言ったのですが、しかし、思った通りに書きなさい、というスローガン——ええ、これは本当にスローガンだったのです——が生れたのにも、それはそれで立派な理由があるのです。つまり、それは、伝統的な美文との戦いのスローガンとして生れたものなのです。

　溯《さかのぼ》れば、明治維新以後、ということになるでしょうが、「……なり」とか、「……なすべけんや」とかいう文語体に対して、「……である」とか、「……でしょうか」とかいう口語体を確立する運動が久しく続いておりまして、第一次世界大戦後に至って、この運動が

漸《ようや》く勝利を収め、『東京日日新聞』（現在の『毎日新聞』）が大正十年（一九二一年）元旦から、『東京朝日新聞』（現在の『朝日新聞』）が翌大正十一年元旦から社説を口語体に改めるようになりました。他の記事は以前からだんだんと口語体になっていたのに、格式ばった社説だけは、「蓋《けだ》し……ならん」とか、「焉《いずくん》ぞ……べけんや」とかいう漢文調の文語体だったのです。

何処かでお読みになったでしょうが、日常の話し言葉とは違う文語体が一般に通用していた時代には、名文のモデルというか、型というか、そういうものが初めから出来上っていたのです。例えば、お正月とか、お花見とか、お月見とか、雪景色とか、そういうトピックについて、それぞれ模範とすべき名文があって、その真似をするのが文章修業の方法だったのです。美文ということが問題になるたびに、その見本として持ち出されるのが、「一瓢《いっぴょう》を携えて墨堤に遊ぶ」という文句です。勿論、一瓢は瓢箪《ひょうたん》のことで、それにはお酒が入っています。墨堤とは、東京を貫流する墨（隅）田川の土堤のこと、かつて桜の名所であった向島《むこうじま》のことです。お酒などと縁のない子供でも、いざ、文章の修業をするとなると、こういう文章の真似をしていたのです。

言い換えれば、文章を書くというのは、自分自身の経験をそのまま表現することではなく、経験というドロドロしたものを既に出来上っている名文という堅い鋳型《いがた》に入れることだったのです。そうなると、うまく鋳型に流し込めた経験は、文章として生かされますけれども、鋳型に盛り込めなかった経験は捨てられてしまいます。

「思った通りに書く」は、「どう書くか」への答にはならない

第二次世界大戦と同じように、第一次世界大戦も民主主義――当時は、民本主義と呼ばれていました――の勝利をもって終りました。少くとも、そう言われていました。そういう空気の中で、伝統的な文語体に対して、話し言葉としての口語体が勝利を占め、同時に、型に嵌《は》まった美文からの、人間の経験の解放闘争が始まり、この闘争のスローガンが「思った通りに書け」ということになったのです。そう考えれば、思った通りに書きなさい、という忠告は、真実の尊重、人間の解放の叫びだったのです。

そこまではよいのです。問題は、美文からの解放と同時に、レトリック（修辞学）という大切なものが捨てられてしまった点にあります。美文のスタイルを捨てさえすれば自然に立派な文章が書けるかのような錯覚が生じて、誰も新しいレトリックということを考えなくなった点にあります。第一次世界大戦が終ってから、既に約六十年の歳月が流れています。この期間を通じて、あのスローガンは叫ばれ続けて来ましたが、しかし、スローガンは一つでも、その意味は、この期間の初期と後期とで少し違っていたように思われます。

と申しますのは、初期には、まだ敵である美文や文語体が残っていたのに反して、後期になりますと、肝腎の敵がもう何処にも見当らなくなったからです。美文や文語体の伝統が残っている間は、思った通りに書くとか、口語体とか言っても、実際は不徹底に終るということもありましたが、その半面、この強大な敵と戦う必要上、思った通りに書いた口語体の文章も、力強い正確なスタイルを持たねばなりませんでした。つまり、伝統の持っていた長所を自然に承《う》け継ぐことになったのです。

ところが、もう何処にも美文や文語体という敵がいない後期になりますと、平家のいない源氏の天下のような暢気《のんき》千万《せんばん》なもので、敵と戦うという緊張もなく、どう書いても自由である代りに、どう書いてよいか見当がつかない、そんな状況になってしまいました。

そこで、是非とも注意して戴きたいのは、他人の文章を真似するのが文章修業の大道である、と申しましたけれども、モデルは、強大な敵と戦っていた時代の文章の中に探した方がよいという点です。しかし、あまり古いものになると、読むのが困難でしょうから、少くとも、第二次世界大戦前の作家や評論家の文章の真似をして下さい。戦後は、骨格のないようなフニャフニャの文章が多いので、あまり真似をしない方が安全です。

自分の経験を表現するために、他人の文章を真似る

第一次世界大戦は、大正三年（一九一四年）、私が小学校の一年生だった年の夏に始まり、大正七年（一九一八年）、五年生の秋に終りました。従って、私は、文語体や美文というものが生きていた最後の時代、それを敵とするスローガンが現われた時代に、文章を書くのが好きな少年として育ったのです。当時は、つまり、文語体から口語体への過渡期だったのです。そのことと少し関係があるように思われるので、高尾山へ遠足に行った時の話をしましょう。

私は五年生でした。遠足から帰ると間もなく、綴方《つづりかた》の時間――その頃は、一週間に一度か二度か必ずありました――に「高尾山」という題が出され、早速、私は一篇の作文を書きました。何を書いたか忘れてしまいましたが、最後の一句だけは、われながら得意だったためでしょう、今でも覚えています。こういうのです。「恰《あたか》もよし、轟々《ごうごう》、黒煙を吐いて来れる上り列車に投じて東京へ向ひぬ」。この一句は、五年生の私が一つの過渡期に生きていたことを物語っているように思われます。

第一に、御覧の通り、これは文語体です。同級生の多くは口語体で書いていたのでしょうが、私は文語体が好きで、それを選んだのだと思います。今でも、日記などは文語体で

書いています。

第二に、美文時代がハッキリと残っています。「恰もよし」というのは、都合よく、というような意味で、汽車を待つ必要がなかったことを指しているわけですが、どうも、これは真実ではなかったように思います。かなり長い間、浅川駅で東京行きの上り列車を待っていた記憶、待っている間に駅の横の木に登ったりしていた記憶があります。「恰もよし」という、自分の好きな言葉が使いたいばかりに、駅で待っていたという事実の方を捨ててしまったのです。

第三に、どう考えても、この一句は、私が自分で考え出したものではなく、誰かの紀行文で見つけて、それを借用したもののように思います。何処かで見つけて、大いに気に入って、それを覚えていたので、綴方の時間に使うことが出来たのでしょう。ここにも美文時代が生きているようです。しかし、半分ぐらいしか生きていないような気もします。と申しますのは、本当の美文時代なら、名文のモデルが天下晴れて存在していて、われひとともに、これを模倣していたのでしょうが、この場合は、右の一句を私が何処からかコッソリ借用しているのですから。

問題が少し煮つまって来たようです。私が真似ということを文章修業の本道としてお勧めするからといって、美文の昔に帰ろう、というのではありません。自分の経験を捨てても、名文のモデルを重んじよう、というのではありません。そうではなくて、自分の経験を表現するために、真実を生かすために、その手段として、自分の好きな文体の所有者の真似をしよう、というのです。それが、新しい時代のレトリックの道なのです。そして、そこから、文章と思想との関係という大きな問題が現われて来ます。

3　「思った通り」「見た通り」には書かないこと

何を選び、何を捨てるか

「思った通りに書きなさい」、「見た通りに書きなさい」というのは、もともと、自分の経験を大切にしなさい、という忠告なので、それには深い意味があります。深い意味はあるのですが、ただ、そのまま実行することが出来ないのです。嘘だと思ったら、やって御覧なさい。それを実行するのには、どうしても、誰かの文体の真似をするという迂路《うろ》を通らねばならないのです。

見た通りに書く、というのは、自分の外部の事柄について言われることであり、思った通りに書く、というのは、自分の意識の内部について言われることでしょう。さて、この部屋の様子を書こうとして、自分の周囲を眺めてみますと、小さな部屋なのに、本当にいろいろのものがあります。書こうという心構えで、丹念に見れば見るほど、いろいろのものが見えて来ます。意識にしても同じことで、自分の心の様子をあるがままに書こうという態度で反省すればするほど、いろいろの観念が相互に衝突しながら同居しているのが判ります。みなさんの周囲を眺めて御覧なさい。みなさんの心の中を覗《のぞ》いて御覧なさい。

いろいろなものがゴタゴタと見える状態、いろいろの思いがぶつかり合っている状態、それを昔の学者は「混沌《こんとん》」と名づけました。混沌は生命の泉です。すべての美しいものは、この生命に満ちた混沌の中からのみ生れて来ます。しかし、それが生れるのには、私たちの精神が混沌に手を加えねばなりません。精神が混沌を組み伏せねばなりません。短くてもよい、一篇の立派な文章というのは、混沌に対する精神の勝利の証拠なのです。

この点を私が強調しますのは、文章を書くというのが、写真を撮るのと全く違う活動であるからです。もしカメラが使えるのなら——人間の意識を写すカメラは、まだ発明されていないようですが——外部の混沌へレンズを向けて、シャッターを切れば、ゴタゴタのままの混沌を一枚の映像に作り上げることが出来るでしょう。しかし、悲しいかな、文章を書くというのは、シャッターを切るような一瞬の操作ではありません。外部の風景を書くにしろ、意識の有様を書くにしろ、一字一字、一語一語、私たちは文字を書いて行かねばならないのです。相手が混沌のままでは、私たちは何から書き始めてよいのか、見当がつきません。手も足も出ないのです。いくら混沌を眺めていても、何から先に書くか、何を後に回すか、という順序は生れて来ません。順序は混沌の中から現われるものでなく、私たちの精神が作り出して、混沌に押しつけるものなのです。

また、文章を書こうとして、私たちの内外を注意深く観察する場合、実に沢山のものが見えて来ます。平常は見落していたものも、次から次へ見えて来ます。その全部を一篇の文章に盛り込もうとしても、到底、盛り込めるものではありません。そこで、どうしても、取捨を施すことが必要になります。何かを選び、何かを捨てるというわけです。しかし、取捨選択の基準は、混沌の中からは出て来ません。それは、混沌と向い合って途方に暮れている精神そのものが作り出して、これを混沌に押しつけるほかはないのです。

精神の働き方を真似せよ

作家でもよい、学者でもよい、兎に角、自分の好きなスタイルの持主の真似をしよう、と私は申しました。真似というと、如何にも簡単な、如何にも下らないことのように考える人がいるかも知れませんし、また、実際に文字の使い方や言い回しの真似をするという簡単なケースもあるにはありますが、しかし、本気で或る人のスタイルの真似をするとなると、もう文字の使い方の真似では済まなくなります。そうです。精神の真似をすることになるのです。精神の真似というのが変なら、考え方の真似と言い直してもよいでしょう。

つまり、或る人の文章を真似しているうちに、その人が混沌にどういう秩序を押しつけるか、どういう取捨の規準を押しつけるか、その流儀というか、その方法というか、それを真似するようになるのです。その人の精神の働き方を真似するようになるのです。そこまで踏み込まなければ、真似をすることの意味はありません。いや、特に踏み込まなくても、或る人の書き方が好きだと思う私たちの気持の中には、その人の精神の働き方が好きだということが自然に含まれていて、それが私たちを招くのかも知れません。

前にも触れたことですが、誰かの真似をしましょう、と私が言うたびに、いろいろの苦情が出るものです。これらの苦情は、一部分、誰かの真似をすることによって、それっきり、自分というものを誰かに譲り渡してしまうのではないか、自分が何処かへ消えてしまうのではないか、という不安から生れているのだと思います。

本当に真似をしてみれば判ることですが、実際は、なかなか、そうはならないものです。と申しますのは、誰かのスタイルの真似をしているうち、一年か二年か経つと、あんなに好きだったスタイルが鼻について、我慢がならなくなることが多いからです。そこには、当然、その誰かの精神の働き方に不満を感じるようになったという事実が含まれているのでしょう。その半面、別の誰かのスタイルが好きになる、その人の精神の働きに感心するということがあって、今度は、その人の真似をするようになるのでしょう。こういう場合、恐らく、そこに人間の成長というものがあるのです。成長につれて、モデルが或る人から他の人へ移った、とも言えますし、初めに或る人をモデルにしたから、それだけの成長が行われた、とも言えるでしょう。

何れにせよ、天才は別として、私たちのような平凡な人間にとっては、こういうモデルの遍歴を通して、一歩一歩、自分のオリジナルな文体というものを築き上げて行くものだと思います。そして、何時か、本当にオリジナルな文体を作り上げることが出来たら、その人は、その時、本当にオリジナルな精神の働きを手に入れたことになるのでしょう。

真似てはいけない文章もある

一つの問題が残ってしまったようです。誰かのスタイルの真似をするというのには、当然の話ですが、誰かの文章を読んでいなければなりません。先《ま》ず、多くの作家や学者の書いたものを読んでいるということがなければなりません。何も読んでいなかったとしたら、如何に真似をしようにも、そのモデルを発見することが出来ますまい。どうやら、書くことに先立って、読むことがあるようです。この点については、拙著『本はどう読むか』（講談社現代新書、昭和四十七年）で詳しく述べておきましたが、本書でも、そのうち、少しお話するつもりです。

4　新聞記事を真似しないこと

個人の主観が消えている新聞の文章

私は、昭和四十四年三月までの二十年間、学習院大学で社会学を教えていました。その間、いろいろな機会を利用して、学生にレポート（四百字詰原稿用紙三十枚以内）を提出させて来ました。

彼らにしてみれば、中学でも高校でも綴方や作文の訓練を受けていないわけですから、レポートを書くという仕事は、随分辛《つら》かったでしょう。その中には、かなり整ったレポートを提出する学生も少しはいましたが、大部分の学生は、まあ、手も足も出ないという状態だったようです。気の毒とは思いながら、私は、そういう方法で文章修業の機会を彼らに与えて来たのです。ところが、彼らのレポートを数多く読んでおりますうちに、私は一つのことに気がつきました。それは、手も足も出ない状態の中で、苦し紛《まぎ》れに、新聞の文章の真似をしている学生が多いということです。

私は、彼らが意識的に新聞の文章を真似していたのだとは思いません。新聞と限らず、何かの真似をするという気持はなかったのでしょう。ただ、どうしてよいか判らぬ状態で苦しみながら、何かを書き始めようとした途端に、平常読んでいる新聞の文章の真似になってしまったのだと思います。つまり、小説も読まぬ、評論も読まぬという生活の中でも、長い間、新聞だけは——拾い読みにしろ——読んで来ていますから、それが謂《い》わば空気のようなものになっていたのでしょう。それで、知らぬ間に、新聞の文体の真似をする結果になったのだと思います。

しかし、私の考えでは、新聞の文体だけは真似しない方がよいと思います。真似をするのなら、戦前の名前のある作家や評論家の文体を真似すべきだと思います。いいえ、私が新聞記者を軽蔑しているからではありません。私自身、昭和十六年の夏から昭和二十年の末まで、言論の自由など、何処にもなかった時代に、新聞記者として生活していたことがあるのです。但《ただ》し、私のケースは、少し特別な事情がありますので、その経験は他の機会に申上げることにしましょう。

新聞記者の真似はしない方がよい、と私が言いますのは、明治時代の新聞は別として、今日の新聞は、中正不偏——実は、少し怪しい場合が多いのですが——ということをスローガンにしており、記者諸君は、主観の入らぬ文章、何処からも苦情の出ないような文章を書く訓練を積んでいるからです。御承知の通り、世の中には、いろいろな考えの人間がおりますし、一つの事件でも、それで利益を得る人と損失を蒙《こうむ》る人とがいるものです。一口で申せば、多くの場合、どの人間もあまり怒らせないように、どの人にも新聞を買って貰えるように、新聞の文章は書かれていると言えるでしょう。新聞は、ケーキや大根と同じように、お客に買って貰わねば困る商品なのです。そのため、新聞の文章は、記者個人が書いた文章というよりは、新聞社という企業体の書いた文章のようなものなのです。

自分の意見を大切にする

これに反して、私たちは、一個の個人として文章を書くのです。自分の意見、自分の主観、自分の見方、それを何処までも大切にしよう、というのが、「思った通りに書きなさい」、「見た通りに書きなさい」ということの眼目だったのではないでしょうか。文章を書くというのは、自分を表現するということです。

自分の考えと、世の中の多くの人間の考えとが一致していれば、わざわざ、文章などという面倒なものを書く必要はありません。黙っていればよいのです。文章を書くのは、世の中の多くの人々と違う、自分の、自分だけの意見や見方を発表するためです。賛成してくれる人もいるでしょうが、きっと、反対する人の方が多いでしょう。つまり、何処からか、苦情は必ず出るのです。文章を書くというのは、そういう苦情を覚悟で我を張ることなのです。ですから、私たちが文章の修業をする場合は、何処にも敵を作るまいとする新聞のスタイルの真似はしない方がよいように思います。これも、明治や大正の時代は違うでしょうが、近頃は、朝から晩まで文章を書いている筈の新聞記者諸君の間から、個性的な評論家や思想家が殆ど現われておりません。このことも、右の事情と少し関係があるのでしょう。

「……ようだ」で逃げるのか

どなたもお気づきかと思いますが、新聞を読んでいると、「……ようだ」という一句で終る文章によく出会います。私は、この一句を見るたびに、何か落着かない気持になってしまいます。なぜなら、「よう」というのは、推測を意味する弱い言葉であり、「だ」というのは、大変に強い断定の言葉であるからです。「よう」と「だ」とは、素直に調和しない言葉、正反対の言葉のように感じられるからです。本当に推測なら、「ように思われる」とか「ように思う」とすべきなのでしょうが、それでは、頼りない主観的な感じが出過ぎるために、「だ」を補っているのでしょう。逆に、本当に断定するのなら、「よう」という曖昧な言葉は避けるべきです。しかし、断定してしまうと、何処からか苦情が出た時に、逃げ道がなくなります。果して、私の想像するような計算があってのことかどうか、それは判りませんけれども、逃げ腰で口先だけ強いことを言っているような、こういう表現を私は好みません。みなさんにも、やめて貰いたいと思います。

そう私が言うと、「しかし、私たちは、日常、『……ようだ』という言い方で喋っているではありませんか」という質問が出るでしょう。その通りです。そこに、話し言葉と書き言葉との違いがあるのです。「……ようだ」と口頭で話す時、よほど特別の事情がない限り、「だ」を強く発音する人はいません。誰でも、非常に軽く言います。そのため、「よう」とのギャップが目立たないのです。ところが、これを書くとなると、濁点のついた、強い「だ」が現われて、「よう」とのギャップが大きく目立って来るのです。以前から、「言文一致」ということが言われていますけれども、話した通りに書くわけには行かないのです。耳で聞いた場合の美しさと、文字に書き、活字に印刷した場合の美しさとは違う場合が多いのです。

「深々と……」や「早々と……」の厭らしさ

もう一つ、何時から始まった習慣か知りませんが、新聞の社会面などを読んでいますと、

「深々と……」や「早々と……」という表現が頻繁《ひんぱん》に出て来ます。「深々と頭を下げた」などという文句は、毎日のように、方々の新聞でお目にかかります。「深々と……」というのは――もし用いるとしても――本当の最敬礼の時にだけ用いるべき言葉、大変に強い言葉なのに、それが、「深く」で済む時や「深く」がなくても済む時に、見境もなく濫用されている感じです。これは一つの例に過ぎませんが、どうも、最近は、強い表現が多過ぎるように思います。強い表現を用い始めると、一種の泥沼に入って行くようなもので、次第に深いところへ――洒落ではありませんが――落ち込んでしまいます。どんなに強い言葉を使っても、不足を感じるようになります。目立たぬ、弱い表現では心細いという心理は判らないことはありませんが、そこに、危険な陥穽《おとしあな》があるのです。

5　強い表現を避けること

文字というものの陥穽

いいえ、自慢話ではないのですが、戦前は、書き上げた原稿を一度も読み直さずに、そのまま編集者に渡していたものです。自信ですって、いや、そういう訳でもないのでしょうが、兎に角、読み直したことがないのです。ところが、戦後の或る時期、何がきっかけであったのか覚えていませんけれども、自分の原稿を丁寧に読み直すという癖がついてしまいました。勿論、読み直してみれば、誤字や脱字をチェックすることが出来ます。しかし、それよりも、使わなくてもよい強い表現、強過ぎるような表現、それをチェックすることが出来る、それを除くことが出来るという方が大切なように思います。強いとか、弱いとか言っても、そこには、当然、各人の気質や趣味が働いていることでしょうから、簡単に一般的なことを申上げるのは慎まねばならないとは思いますが、私自身について言えば、強い表現を避けるというのが、文章修業の上で非常に重要な点であるような気がするのです。

逆に言いますと、文章を書くという場合、私たちは、何時でも、強い表現へ私たちを押し流して行こうとする力、そうです、そういう力というか、誘惑というか、それに巻き込まれて行くものなのです。これは、日本ばかりでなく、どの国でも同じことだと思うのです。元来、文字というのは抽象的なものなのです。抽象的というのは、オリジナルな原物ではないということです。例えば、火という文字があります。しかし、これをいくら見つめていても、本物の火に似たところは見つかりません。また、火という字に手を触れても、一向に熱くはありません。火傷などしないのです。fireという英語の場合も同じことです。アルファベットと違って、火という漢字は象形文字だというような事実を持ち出しても、大した意味はないでしょう。やはり、抽象的なのです。文章を書くというのは、オリジナルな原物でなく、その影のような文字という抽象的なものを使うということです。全く頼りない話です。

しかし、もう少し考えてみますと、火というような文字は、どちらかというと、まだ大いに頼りがある方です。なぜなら、私たちは火という文字を知っているだけでなく、本物の火もよく知っているからです。影のような文字だけでは物足りないとしても、その足りないところは、本物の火の記憶や感覚で補うことが出来るからです。これと反対に、内面的な事柄というのでしょうか、自分の気持の中の不安とか疑惑とか憤怒とかいうものになりますと、その本物の姿を誰でも知っているというわけには参りません。形のないもの、捕えどころのないものです。見ることや触れることの出来るものではありません。自分の心の中にだけあるもの、しかも、自分の文字や言葉によって初めて社会的に存在することが出来るものです。自分が文字や言葉でそれを言い表わそうとしなかったら、人々はそれに気づかないでしょう。火などに比べると、大変に違うものなのです。

　しかし、こんなことは、誰かに自分の気持を伝えようとして、なかなか、それが伝わらない、そういうもどかしさを感じたことのある人なら、よく御存じの筈です。そして、文字は頼りないもの、影のようなものだと気がついた瞬間、それが人情というものなのでしょうけれども、強い表現を使って、文字の頼りなさを少しでも補おうという心理になります。

　ところが、意地の悪い話ですが、これでもか、これでもか、という調子で、どんなに強い表現を積み重ねて行っても、それが一センチでも原物に近づくわけではありません。千万言を費しても、私たちは依然として文字という影のような世界にとどまっているのです。そればかりでなく、こちらが夢中になって強い表現を探しているうちに、その文章を読んでくれる人間の気持から却《かえ》って遠く離れてしまうことが多いものです。

強い表現ほど現実から遠ざかる

スポーツ新聞というのがありますね。私は自分で買って読んだことはありませんが、毎日、自宅と研究室との往復に使っている国電の中で、多くの乗客がこれを読んでいますので、私も少しは覗いて知っているのです。特に、あのプロレス記事の見出し……と言えば、どなたも直《す》ぐお気づきでしょうけど、大きな団子のような活字で、本当に猛烈な文字が印刷されています。殺人鬼とか、悶絶とか、皆殺しとか……。私の記憶を申しますと、以前は、もっと穏やかな表現だったと思います。それが、或る時期から次第に猛烈な表現になって来たような気がします。恐らく、もう、これ以上、猛烈にすることは出来ないでしょう。それに、いくら猛烈にしたところで、実際は、誰ひとり死なない――怪我《けが》ぐらいはするでしょうが――スポーツだということをみんなが知っているのです。

スポーツ新聞のプロレス記事と一緒にしたら文句が出るかも知れませんが、それに少し似ているのが、一部の書評新聞や急進的な思想雑誌に使われている激烈な文字です。あちらは肉体、こちらは思想。そういう違いは明らかにあるのですが、あちらに死や殺人が充満しているように、こちらにも死や殺人が充満しています。革命という問題が加わっているところだけが、後者の特色と言えば言えるでしょう。私が例を挙げるまでもなく、プロレス記事と同様、みなさんの方がよく知っておられるでしょう。死や殺人というのは、その文字だけで既に人生の絶対的なリミットを示しているのですから、今後、これより強い表現を探し出そうとしても、もう見つからないでしょう。プロレス記事の場合と同じように、思想論文でも、実際は、誰ひとり死なないことをお互いによく知っているのです。壮烈な、激烈な、猛烈な表現だけが空騒ぎしているのです。

流行語は御免だ

根本は、文字が影のようなものだというもどかしさにあります。もどかしさに責められながら、何とかして自分の気持を読者の心の底へ運び入れたいと考えた途端に、右の例に見られるような、絶対的な感じのする強烈な漢字の使用——というより、濫用——という方向へ私たちは自然に動き出してしまうのです。近頃、「原点」という文字をやたらに使うのも、同じ気持の現われでしょう。そのほかにも、これは、もう表現の強さというマンネリズムの問題と考えた方がよいのでしょうが、「空洞化」とか、「虚像と実像」とか、誰が使い始めたものか、私の大嫌いな言葉が沢山あります。もどかしさから生れている、もう一つの方向があります。大和《やまと》言葉というほどのこともありますまいが、何れにしろ、感覚的であることを狙った一群の表現があります。「ふまえて」、「かかわりあい」、「きめこまやかな」、「出会い」、「きびしい」、「のめりこむ」、「目を細める」など、これも沢山ありますし、私は、何億円くれても、こういう言葉を使おうとは思いません。

しかし、考えてみますと、強烈な漢語にしろ、感覚的な和語にしろ、一度だけ、誰かが何処かでソッと使った時は、新鮮で、強烈であったのに違いありません。それが、大衆化というのでしょうか、あの新聞でも、この新聞でも、あの人も、この人も、という風に一般化して参りますと、当初の効果は何処かへ消えて、厭らしさだけが残ってしまうのです。こういう点でも、新聞などの真似はしない方がよいように思います。

6 「が」を不用意に使わないこと

長ければ良いというものではない

或る不幸な青年の話をしましょうか。「不幸な」と申しますのは、それから数年後、喉頭結核で慌しく死んでしまったからです。彼ばかりではありません。彼に会った昭和十七年一月、私も死の傍《かたわら》にいたようなものです。

それは、日本軍のハワイ真珠湾攻撃から一カ月半ばかり経った頃で、私は、国民徴用令という法律によって、陸軍徴員にさせられ、勝手を知らぬ大阪の町を歩きながら、任地ビルマへ送られる日を待っていたのです。ビルマへ行くというのは、九分通り、死にに行くことで、私は暗い苛立った気分になっていました。

そういう或る日、以前から知り合っていた青年の家——阪神間にありました——を訪ねました。彼は、その前年でしたか、関西の某専門学校を卒業して、新聞記者を志し、入社試験の準備をしている時でした。

私の顔を見るなり、彼は、「先生、僕も、こんなに長い文章が書けるようになりました」と言って、四百字詰原稿用紙数枚を私に渡しました。ええ、文章のテーマですか。それは覚えていません。なるほど、「長い文章」というだけあって、何処まで読んで行っても、読点《とうてん》（、）はあるのですが、句点（。）が出て来ないのです。二枚目を読み終ろうとする頃、漸く句点が現われました。何がテーマであったか忘れましたけれども、一つの文章があちらへ曲り、こちらへ曲り、ズルズルと際限なく続いていたのを覚えています。

私は呆気《あっけ》に取られました。それと同時に、ああ、そうか、と感じました。こういう牛の涎《よだれ》のような文章は、学者の書いた論文にも例に乏しくはありませんが、新聞記事の大部分が、こういう調子なのです。新聞社の入社試験を目前に控えているので、彼は、この長い文章を書き、それで、「一人前」になったような満足を感じていたのでしょう。その時の私は、自分の身の上が身の上であっただけに、積極的に親切な注意を与える元気もなく、「長いばかりが能ではないよ」と言っただけでした。彼の不満そうな表情に気づきながら、私は、彼の原稿では、本来なら句点で終るべき短い文章が、句点で終らずに、読点を用いて、これも本来なら独立の一句であるべき次の部分へ繋《つな》がれている、それが何度も繰返されているのを黙って眺めていました。そして、繋いでいるのは、殆ど例外なく、「が」という接続助詞でした。

文章の修業は短文から

故人には申訳ありませんが、彼が見せてくれた文章は、悪文の模範のようなものだと思います。自分は器用である、達者である、と考えている人ほど、こういう文章を書くものです。むしろ、彼とは逆の方向へ進んで行くのが、文章修業の正道である、と私は思うのです。

「こんなに長い文章」と彼は申しましたが、短い文章なら子供にも書ける、というのが彼の気持だったのでしょう。私は、文章の修業は短文から、という信念を持っています。「短文」と私が言いますのは、句点で終る短い一句のことも、また、そういう句の積み重ねで出来る短い文章のことも指しています。何れにしろ、短文から始めることが大切です。なぜなら、短文は、前に触れた「混沌」の構成要素であるからです。

外界の様子にしろ、自分の気持にしろ、「見た通りに」、「思った通りに」ということになれば、あれもあるし、これもあるという混沌として現われるほかはありません。カメラは別として、という意味のことを前に述べましたが、敢えて申せば、あの不幸な青年は、カメラのレンズを向けるような調子で、混沌を文字に写し取ろうとしたのでしょう。前後もなく、順序もなく、一度に、手当り次第に、何も彼も書いてしまおうとしたのでしょう。

　しかし、言葉はカメラではありません。混沌を写すのには、一度にパッとでなく、一字一字、一語一語、一句一句、丹念に書いて行かねばならないのです。混沌が如何に大きな全体であっても、それを多くの部分に分析し、多くの部分の組合せによって、全体を表現するほかはないのです。そして、一つ一つの部分を言葉で表現するのが、短文なのです。もう少し正確に申しますと、短文によって部分を表現しようという作業を通して、初めて全体は部分に分析されると言うべきでしょう。分析が出来たら書くのでなく、書くことで分析されるのです。

　分析するというのは、大部分、考えるということです。少しでも考えれば、パッと見た時は、あれもあるし、これもあるという混沌であったものが、A、B、C……に分解されて来ますし、A、B、C……が同じ目方のものでなく、Bが特に重要だというようなことも判って来ます。また、Aが土台で、それにBやCが支えられている様子も見えて来ます。Aのことをキチンと書く、Bのことをキチンと書く、Cのことをキチンと書く。こうして、いくつかの短文が出来上るのです。

　さて、こうして出来た短文を何で繋ぐかという問題になります。あの青年は、沢山の短文を「が」という接続助詞で繋いで、一つの長い文章に作り上げました。これは、新聞記事の流儀を真似たのです。国語辞典で「が」の項を見ますと、申合せたように、前の句と後の句とが反対の関係にあることを示すために使う……という説明があります。この説明は誤っているか、少くとも、不十分ではないでしょうか。勿論、前後の反対の関係を示すために用いられはしますが、「某月某日、某大臣は選挙応援のため某市を訪れたが、記者会見に臨んで……」という場合の「が」は、どうですか。前後の反対の関係などでなく、ただ、無色透明の繋ぎの役を果しているだけでしょう。「Aの奴、随分勉強していたが、到頭、大学へ入ったよ」の場合も、反対の関係ではありません。却って、勉強の結果としての入学ということを述べているようにも思われるのです。

「が」は万能ではない

「が」については、拙著『論文の書き方』（岩波新書、昭和三十四年）で詳しく述べておきましたように、「が」は本当に便利な言葉なのです。「が」は一字ですから、これより短い言葉はありません。スペースを節約しようとする新聞としては、「が」を愛用しないわけには行きますまい。それと同時に、僅《わず》か一字でありながら、実に用途が広いのです。だって、そうではありませんか。無色透明の繋ぎの役（0）にも立ち、前後の反対関係（－）も示し、前後の因果関係（＋）も示すとなれば、天下無敵、これほど重宝な言葉はありません。

もう一つ、「が」の長所があります。それは、「が」で繋いだ文章は、どんなに長くても、スルスルと読んで行くことが出来るということです。読む人は、殆ど抵抗を感じません。大変に読み易いのです。新聞記事の多くは、そういう読み易い調子で書かれています。ところが、新聞記事の内容を後から思い出そうとすると、今度は、なかなか思い出せません。漠然たる感じしか残っていないのです。スルスルと頭へ入る代りに、スルスルと頭から出て行ってしまうのです。この辺から「が」の短所が出て参ります。「が」の用途が広いことは、前に申上げましたが、「が」で繋いだ長い文章を読んで行く時、この「が」は0だとか、この「が」は＋だとか、この「が」は－だとか、一々、その用法を考えることはありません。だから、スルスルと読めるのです。しかし、一つ一つの「が」は、実は、0であったり、＋であったり、－であったりするのですし、「が」は、それらの関係を曖昧に表現しているのです。言い換えますと、「が」は、便利ではあるが、構造を明確に表現するのには不適切な言葉なのです。

構造を明確に表現するのには、どういう言葉を使えばよいか。それには、＋の場合なら、「それゆえ」とか、「そのため」とかいうような言葉、－の場合なら、「それなのに」とか、「それにも拘《かかわ》らず」とかいうような言葉――まだ、いろいろとあるでしょう――を使うべきです。そうすれば、構造が見えて来ます。同時に、ゴツゴツして来ます。スルスルとは読めなくなるでしょう。また、スルスルと出て行くこともないでしょう。しかし、「が」の代りに、右のような言葉を使うのには、それだけの決心が要《い》ります。思索が要ります。勉強が要ります。——勿論、「が」を全く使わなかったら、文章は書けないでしょう。私がお勧めしたいのは、決心、思索、勉強によって、なるべく、「が」の少い文章を書くということです。

7 「何を書くか」を先行させること

身動きならなかった言論統制下での自由

新聞の文章だけは真似しない方がよい、ということを言って来ました。その理由は、大体、お判り戴けたかと思います。しかし、前にも触れたことですが、そう言う私自身、三十歳台の中頃の或る期間、新聞記者生活をしていたのです。ここでは、新聞記者生活から得た経験の一部分をお話しましょう。

或る期間、と申しましたが、昭和十六年七月から昭和二十年十二月までです。それまで、朝日新聞社と或る特別な関係——社外嘱託《しょくたく》とでもいうような——があって、「槍騎兵」という短評欄などに頻繁に書いていたのですが、戦争の拡大に伴う紙面縮小のために、この関係が切れたところへ、読売新聞社が、論説委員にならないか、と言って参りまして、それで、フリーのジャーナリストから新聞記者になり、月給らしい月給を貰うことになったのです。

いや、そんな事情よりも、この四年半という期間の方が大切でしょう。昭和十六年と言えば、その十二月にアメリカなどを相手とする戦争が始まった年ですし、昭和二十年と言えば、その八月に日本が連合国に対して無条件降伏を行った年ですから。日本の敗北をもって終る戦争のクライマックスに、私は一人の新聞記者として生きていたのです。その頃の私の生活は、拙著『わが人生の断片』（上下二巻、文藝春秋、昭和五十年）に詳しく述べておきましたが、私は、まるまる四年半の間、新聞社に勤めていたのではありません。アメリカとの戦争が始まって間もなく、国民徴用令によって陸軍徴員にされ、ビルマへ送られてしまい、それで、約一年間はブランクになりました。また、昭和十八年には、ひとりで中国大陸を歩き回り、それで、何カ月間かがブランクになりました。ですから、勤めたのは、正味三年余ということになりましょうか。

いや、これも、どうでもよい話です。そんなことより、この期間は、何処にも言論の自由などというものが存在しなかったという点の方が重要でしょう。言論の自由を錦《にしき》の御旗《みはた》にして、怪しげな文筆家や週刊誌が、あることないこと、個人や集団の内幕を暴露して、それで金を儲けることが出来るというような今日からは想像も出来ないことですが、以前から行われていた言論統制は、アメリカとの戦争が開始される頃から、とりわけ、戦局が不利になってからは、日を逐《お》って厳格になって来ました。

勿論、どんな国でも、言論に完全な自由を許しておいて、それで果して戦争が出来るものかどうか、また、今日のロシアや中国などに比べて、日本の場合が特に言論統制が厳格であったのかどうか、それもよく判りませんが、兎に角、論説委員の身にとっては、全く動きのとれぬ窮屈な時代でした。

毎日、大本営から通達――という名称だったかと思います――が来ます。それには、国際情勢、戦局、政局、国民生活などの諸方面に亘《わた》って、報道や論評を行ってはならぬ事件や事項がズラリと列挙されています。また、報道や論評を行ってよい場合、強調し主張すべき論点や論旨が、これまたズラリと列挙されています。これらの命令を仮に無視して誰かが原稿を書いたとしても、それは活字になる筈はありません。何かを書くというのは、命令で定められた狭い空間の中で踊るということなのです。

読み手の心を動かすもの

論説委員の仕事は、社説を書くことです。当然、社説はアクチュアルな事件を取扱うほかはありません。アクチュアルな事件で、大本営が論評を禁じていないもの、となりますと、その数は非常に限られて来ます。従って、どの新聞も、同じ日に同じ事件を論評することになります。その上、どの新聞も、あの通達の命じる枠の内部で書くことになりますから、勢い、どの新聞の社説も同じようなものになって来ます。

そんな時代に社説を書くなどというのは、人間のやる仕事ではない、とお感じになるでしょう。そうかも知れません。今から考えると、そんな気がしないわけでもありません。

しかし、それなのに、この期間は、私の執筆の生活の中で最も充実した期間であったような気がするのも事実なのです。以前からの言論統制に私が慣れていたから、あまり苦にならなかったという事情もあるでしょう。しかし、その他にも、いろいろの事情があったと思います。

いろいろの事情の一つは、通達に従って書いた社説の何処かに、一句でもよい、一語でもよい、自分の真実の気持を生かした部分を含ませるという喜び、それが大きな生き甲斐であったということです。例ですか。例を挙げてみたところで、失礼ながら、あの時代を生きたことのない方には、何のことか見当もつかないでしょう。また、そんな一句や一語を入れてみても、世の中が変わるわけのものでもありませんから、まあ、悪戯《いたずら》と言えば言えるのでしょう。

　ところが、表面は全く差し触《さわ》りのない、誰も気のつく筈のない、そういう一句や一語に対して、日本中の読者から何百通という投書が殺到するのです。「その通りだ」とか、「よく言ってくれた」とかいう趣旨の投書です。人間のやる仕事ではない、と自分でも感じながら、しかし、こういう投書を読むと、この仕事に大きな張り合いを感じてしまうのです。

ここには、文章修業にとって二つの教訓があるような気がします。

何を書くかがあってこそ、文章の工夫も生れる

第一に、大本営の通達に従って書かれた部分、これは、どの新聞にも略〻《ほぼ》共通なもので、それだけ、読者にとっては強力な情報であるわけですが、あの投書の山から察すると、実際は、この部分は読者によって軽く読み過ごされていて、一向に目立たない一句や一語だけが読者の注意を惹《ひ》いているように思われるのです。それだけが新鮮なもの、意味のあるもの、重要なものと受取られていたように思われます。

逆に申しますと、読む人にとって本当に重要な事柄であるならば、どんな控え目な表現でも、読む人の心を強く捕えるのでしょう。表現の強弱や巧拙の問題より前に、他人に伝達すべき重要な事柄を自分が持っているかどうか、という根本問題があるのです。それがあって初めて、文章の工夫というのも意味があるのです。それがなかったら、文章など書かずに、静かにしていた方がよいように思います。

第二の教訓は、限定や限界の必要ということです。いいえ、別に難かしい話ではありま

せん。相撲の技術は狭い土俵というものがあるから生れたのだということです。もしも直径百メートルというような土俵であったら、相撲は、到底、あの美しい緊張の瞬間を生み出すことは出来ないでしょう。大自然を写すためにキャンパスを無限に大きくして行ったら、迫力のある絵が描けるでしょうか。そう考えると、何を書いてもよい、どんな言葉を使っても構わないという言論の完全な自由というのは、実は、少し始末の悪いものなのです。

何も、戦争中の厳格な言論統制の方がよいなどと言っているのではありません。しかし、何処かに土俵のようなもの、額縁のようなものがあった方が、本当に重要な事柄が鮮明に浮び上り、文章に緊張が生れるのだと思います。今日では、面倒な話ですが、そういう限定や限界を自分で作り出して、これを自分に課するよりほかはないでしょう。

8　表現を内部から抑制すること

「検閲」で鍛えられた文章の技術

実は、話そうか、話すまいか、さっきから迷っている問題があるのです。なぜ迷うのか、とおっしゃるんですか。それは、話して懲《こ》りた経験があるからです。なぜ懲りたのか、とおっしゃるんですか。いや、それを説明するくらいなら、思い切って、その問題を話してしまいましょう。

御承知のように、今日の日本では、何を喋ろうと、何を書こうと、法律によって罰せられるということはありません。言論の自由は完全に保障されていると申せましょう。もっとも、戦後に生れ育った人にとっては、それが空気のようなもので、時には、まだ自由が足りないなどと喚《わめ》く人が出ていますけれども、そういう人は、国家による検閲が行われていない日本の現状を空間的および時間的な関係の中で考えてみたらよいのです。

空間の方から見ますと、日本から西へ向って、南北朝鮮、中国、インド、ソヴィエト、東ヨーロッパ諸国（ポーランド、チェコスロヴァキア、ルーマニア、ブルガリア、ユーゴスラヴィアなど）、アラブ諸国……と眺めて行った場合、一体、日本人のように野放図な自由を享受している国が何処にあるでしょうか。これらの国々ばかりでなく、世界の実に多くの国々において、厳重な検閲が行われているのです。それらの国の人たちが、仮に現在の日本人のように行動したとしたら、生命が幾つあっても足りないでしょう。

時間の方へ移りますと、国家による検閲がないという状態は、日本では、僅か最近の二十数年で、アメリカ占領軍も検閲をやっていました。諸事自由というヨーロッパ諸国の中にも、まだ検閲が行われている国がありますし、そうでない国でも、無検閲時代の歴史は甚《はなは》だ浅いのです。

こういう点を考えますと、現在の日本の自由というのは、平凡な空気どころか、大変に珍しいもの、ひょっとすると、異常なものかも知れないのです。また、何時失われるか判らないもの、脆《もろ》いもの、ソッと大切に扱わねばならぬもの、そう私は思うのです。

先生は何が言いたいのですか、とおっしゃらないで、もう少し私の話を聞いて下さい。文章というものは、東西を問わず、何千年か知りませんが、飽き飽きするほど長い間、検閲制度の下で生きて来たのです。世界の大部分の国では、それは今日も同じです。検閲官から見れば、文章も、それを書く人間も、多くの場合、敵のようなものでしょう。同時に、文章を書く人間から見れば、検閲官は敵でしょう。この敵に睨《にら》まれたら、投獄されたり、死刑に処せられたりするのです。長い歴史を通じて、文章を書く人は、この恐ろしい敵の目を避けながら、しかし、言いたいことを何とか言おうとして苦労して来ました。この苦労の中で、文章の技術は磨かれて来たのです。鍛えられて来たのです。

何千年間も、文章を書く人と検閲官とは、一組のものだったのです。仲の悪い夫婦だった、と言うべきかも知れません。お互いに憎み合いながら、文章を書く人は、文章の技術を磨き、検閲官は、検閲の技術を鍛えて来たのです。敗戦後、アメリカ軍による占領が終って、日本が検閲のない国になったというのは、仲の悪い夫婦の片方がポックリ死んでしまったようなものです。文句を言いながら附き合って来た相手が急に消えてしまったようなものです。

自由になったのは結構です。それに文句はありません。しかし、その半面、文章の技術を磨くための、何千年も続いた条件が消えてしまったのです。

精神生活のインフレ

さきほど、「話して懲りた」と私は言いましたが、以上のようなことを話した途端に、呆れたという顔で、「へえ、先生は、検閲を復活しろというのですか」と質問する人が出てきたからです。私は、そんなことを考えているわけではありません。ただ、検閲が行って来た外部からの制限が消えた時代は、内部からの制限が行われない限り、文章が鍛えられないであろう、と私は言いたいのです。判って戴けるでしょうか。

言論が自由になって、何を叫んでも構わない、どんなラディカルな言葉を連ねても文句が出ないとなりますと、それが人情というものでしょうが、激烈な表現を遠慮なく用いるようになるものです。それで気が済めば、それは結構なことですが、私としては、次の二点に注意して貰いたいと思うのです。

第一に、これも人情というものでしょうが、書く方があまり強烈な表現を用いると、読む方は自然に割引きをする、逆に、書く方が弱い表現を用いると、読む方が自然に補ってくれる、そういうことがあるものです。「我がA党とB党との間には、天地のような差がある」と誰かが絶叫しますと、聞く方——A党員は別として——は、「少しオーバーだな。似たところもあるさ」と、感じ易いものです。これに反して、「我がA党とB党とは、少し違うところがあります」と言いますと、有難いことに、聞く方は、「いや、少しどころじゃない。大いに違うよ」という風に感じてくれるものです。世の中は、何事も控え目な方が得をするようです。

　第二に、内部からの抑制が失われて、表現を強くし始めると、先月より今月の方が、昨日より今日の方が、という調子で、益々《ますます》強くなって行くものです。最近の若手の評論家の文章などを見ていますと、それがハッキリ判ります。前に「火」の例を挙げて申しました通り、元来、言葉は抽象的なもので、実物ではありません。そういう意味で、言葉というのは貨幣に似ていると言えるでしょう。言葉が、これでもか、これでもか、と強烈になって行く過程は、大根一本の値段が百円から二百円、二百円から三百円と高くなって行くインフレの進行に似ています。言葉は、私たちの精神生活における貨幣のようなもので、内部からの抑制がないと、強烈な言葉の空騒ぎ、つまり、精神生活のインフレが起ってしまいます。文章を書く人間自身の精神の荒廃が起ってしまいます。――まあ、そんな意味でも、真似をするのなら、厳格な検閲が行われていた戦前の人たちの文章を真似た方が無難でしょう。

9　枚数および時間の制限を課すこと

私の新聞記者時代

もう少し新聞記者時代の話をしましょう。正直のところ、私には、戦後の大学教授時代の話をするより、戦中の新聞記者時代の話をする方が楽しいのです。それは変だ、あれは地獄のような時代だった筈だ、とおっしゃるのですか。そうです。私が論説委員であった時代は、言論統制一つを考えても、ジャーナリストにとっては、地獄という比喩《ひゆ》が適切かも知れません。

しかし、それは、戦後における言論の自由を基準にした場合のことで、現実の人間は、昭和二十五年→昭和二十年→昭和十五年という順序で生活していたのではなく、昭和五年→昭和十年→昭和十五年という順序で生活していたのです。

世間には、敗戦後に出来た基準で敗戦前の国民の心理を簡単に解釈し評価しようとする人がいますが、これは危険な方法だと思います。抑〻《そもそも》、私たちが生れた時から、言論の自由というものは——これも、結局、今日から見てのことですが——かなり影が薄かったのです。影が薄いのが当り前のことだったのです。或る時期から一層影が薄くなったとしても、太陽がビルの背後に隠れ、次第に空が薄暗くなって行くようなもので、正午から真夜中へ一度に飛び込んだわけではありません。

もう一つ、こういうこともあります。新聞記者になる前の私は、フリーのジャーナリストでした。そう言えば、少し体裁がよいのですが、フリーのジャーナリストというのは、第一に、経済上、全く定収入がなく、毎月就職し毎月失業するような不安な生活を送っていたのです。第二に、先生などと呼ばれてはいましたが、社会上および政治上、警察の眼から見れば、芸人などと同じように、大変に弱いもの、怪しげなものだったのです。戦争が深刻になり、いろいろの自由が失われて行くのにつれて、大学や官庁や会社に属していない街頭の人間は、何時検挙され捕縛されるか判らない、そういう時代に入って行きました。私を読売新聞の論説委員に招いて下さったのは、当時の同紙の主筆高橋雄豺《たかはしゆうさい》氏（同社最高顧問）でしたが、ひょっとすると、新聞社の壁の内部で私を守ってやろう、というお気持があったのかも知れません。しかし、こんな話は戦後に生れた人には、到底、理解することは出来ないでしょう。

論説委員の仕事ですか。ああ、それは本当に暢気《のんき》なものでした。毎日、午後三時に、主筆が議長になって論説委員会というものが開かれ、そこで明日の新聞の社説のテーマを決定するのです。三時までに出社するのですから、悠々たるものです。大きなニュースがある日なら、テーマは、最初から決定されているようなものですし、八人ばかりの論説委員には、それぞれの専門（皇室、戦局、政治、外交、経済、農業、文化など）がありますから、テーマと一緒に、執筆担当者も自然に決定されます。一分とかからなかった会議が何回もありました。執筆担当者にならなかった論説委員は、それで一日の仕事が終りで、みんな帰ってしまいます。本当に暢気なものでしょう。

狭い土俵の中で技は磨かれる

自分が執筆担当者になった場合は、五時半頃まででしょうか、略々《ほぼ》二時間ばかりの間に、四百字詰原稿用紙で三枚半ぐらいの社説を書くのです。それは、私にとっては、全く楽な仕事でした。しかし、考えてみますと、もし私が大学の研究室から急に新聞社に入って、論説委員になったのでしたら、決して楽な仕事ではなかったと思います。研究室では、十年も二十年もかかって、何百枚とか何千枚とかの論文を仕上げるという流儀が普通でしたから。締切という時間的限定、枚数という空間的限定、この二つの限定が曖昧なのが研究室の特色で、それと反対に、この二つの限定が厳格なのがジャーナリズムの約束です。私は、大学卒業後のジャーナリスト生活を通して、この約束を守るという習慣を身に着けていたのでしょう。枚数というのは商品の分量のようなもの、締切というのは手形の期限のようなものです。

前にも、相撲の土俵のことに触れました。確か、あの時は、言論の自由との関係で触れたのだと思いますが、締切や枚数というのも、やはり、文章を書く場合の土俵のようなものです。職業的なジャーナリストの場合は、フリーであっても、フリーでなくても、締切および枚数という狭い土俵の上で相撲をとることになります。土俵が狭いことによって、技が磨かれるということがあるのです。彼らにとって、締切も枚数も外から与えられているものです。あなた方のように、自分で文章の修業をしようという人の場合は、締切や枚数という限定が外部から与えられることはありません。

そのために、兎角、何時書いても構わない、何枚書いてもよい、というノンビリした気分になってしまいます。今日は気が進まないから明日にしよう、十枚書いたが、まだ書き足りないような気がするから、もう少し書いてみよう、という気分になってしまいます。土俵の直径が百メートル、五百メートル、一キロメートルという風に大きくなって行きます。それでは、相撲の技は磨かれません。文章の修業も進みません。そこで、文章を修業するのには、自分で締切と枚数とを厳重に定めて、これを自分に課するという方法をお勧めしたいように思うのです。

つねにトピックを用意する

私は、フリーのジャーナリストの生活を通して、締切や枚数に慣れていた、と申しました。しかし、これに加えて、いろいろなことを平素から考える癖があった、という点も申し上げる必要があります。みなさんも同じかと思いますが、何か書く必要がない時でも、あれこれと、いろいろな問題を考えて、何時も幾つかのトピックを心の中に持っているということです。トピックというのは、アリストテレス以来、文章を書いたり、演説したりする上で、何時でも用意しておかねばならぬことになっています。トピックは、話題といってもよいでしょう。「何時でも夢を」でなく、「何時でもトピックを」です。トピックの持ち合わせがなかったら、つまり、その場に臨んで、すべてを第一歩から新しく考えるのでしたら、締切までの短い時間に何かを書くというのは、かなり難しい仕事になっていたでしょう。

10　電話の代りに手紙を書くこと

文章力の低下は、電話普及のお蔭か

伺《うかが》いますが、あなたは、一月《ひとつき》に手紙を何通ぐらい書きますか。二十円の葉書でなく、五十円の切手を貼る封書の方です。——お答がないところを見ると、一通も書かないと解釈してよいのでしょうね。私ですか。調べたことはありませんが、一月に五通ぐらいでしょうか。逆に、手紙を受取る回数、そうですね。これも一月に三回ぐらいのものでしょう。どなたでも同じことでしょうけれども、手紙を書いたり読んだりするのがひどく減ったものです。手紙が減った半面、大変に殖《ふ》えたのは、第一に、印刷した郵便物であり、第二に、電話です。考えてみますと、一月に五通ぐらいしか書かない手紙というのは、大部分、一月に三通ぐらいしか来ない手紙に対する返事で、しかも、私に手紙を下さる方は、十人のうち九人まで、地方に住んでいる未知の方なのです。また、大抵は、私の著書を読んでくれた人です。つまり、以前から知り合いの方は、何時も電話で用を済ませてしまい、これに対して、未知の方は手紙を下さるということのようです。これは、現代の人間関係と申しましょうか、現代の文化と申しましょうか、そういうものの一面をよく表わしているように思われます。

しかし、みなさんのように、立派な教育を受けた人たちが文章で苦労している様子を見ますと、一方では、戦前と違って、戦後の小、中学校および高等学校が綴方や作文の教育を無視して来た結果に相違ありませんが、他方では、電話の普及に伴って、手紙を書く機会が殆どゼロになってしまった結果とも考えられます。或る意味では、手紙を書くというのは、文章の修業の上で最高の方法なのですから。現代文明に背を向けることになるかも知れませんが、文章のイロハを学びたいという方は、いろいろなチャンスを利用して、積極的に手紙を書いた方がよいと思います。電話で用が足りるような場合でも、敢えて手紙を書くべきでしょう。

面倒だ、というのですか。いや、本当に面倒なもので、私にしても、毎月の原稿が一通り済んでから、一日か二日を使って、何通かの手紙を書くことにしています。原稿料とは関係ありませんが、実際、手紙を書くのは一仕事です。しかし、それも面倒だ、というようでは、失礼ながら、文章の修業など出来たものではありません。

手紙は勝負である

手紙を書くのが、なぜ文章の修業の最高の方法なのでしょうか。それは、大部分の手紙が何か頼みごとを内容としているからです。手紙を書く用事があるというのは、全部とは申しませんが、何かを頼むということです。金を貸してくれ、参考書を教えてくれ、自分を愛してくれ……いろいろな種類の頼みごとです。手紙を出した結果、首尾よく、金を貸してくれたり、書名を教えてくれたり、自分を愛してくれたり……ということになれば、その手紙は目的を達したのです。勝ったのです。その通りにならなかったら、手紙は失敗したのです。負けたのです。世の中には沢山の種類の文章がありますが、頼みごとを内容とした手紙ほど、勝敗のハッキリした文章はないでしょう。簡単に言えば、上手な手紙は勝ち、下手な手紙は負けるのです。

さて、戦後、作文や綴方について発言する人たちは、馬鹿の一つ覚えのように、「思った通りに書け」と言って来ましたが、思った通りに書いた手紙は勝つのでしょうか。嘘を書くことを私は勧めるわけではありませんが、手紙は、相手に頼みごとを聞いて貰うという目的があるのですから、ただ思った通りに書いて済むものではありますまい。どうしても、相手の心を動かすための、いろいろな工夫が必要になって参ります。

元来、手紙には不利な点があるのです。手紙では、相手の顔色が全く判りません。面会なら、一目で直ぐ判りますし、電話でも、声の調子で察しがつくものです。手紙では、それが全く判りませんから、大いに用心して、相手の機嫌を損ねないように気を配らねばなりません。また、面会や電話の場合は、顔色や声の調子で、持ち出した頼みごとを中途でひっこめることも可能ですが、手紙の場合は、兎に角、最後まで書かねばなりません。ひっこめるチャンスがないのです。つまり、相手の気分を悪くしないように深く注意しながら、しかし、頼みごとは明瞭に書くことが必要なのです。

相手の顔色が判らないだけではありません。もう一つ、こちらの顔色も相手に伝わらないのです。面会なら、こちらの熱意が表情に出ているでしょうし、電話でも、辛い気持が声の調子に現われることがあるでしょう。話し言葉には、表情、身振り、声の調子、眼に浮ぶ涙……というような、沢山の援軍がいて、目的の達成を助けてくれるのです。ところが、書き言葉による手紙になりますと、一人の味方もいません。あるのは、ただ文字というものだけです。文字という頼りないものを使って、表情、身振り、涙……の果す役割までも果すとなりますと、「思った通りに書け」というような甘い話では片づかないのです。

不特定多数――変な言葉ですね――を相手とする文章の場合は、直ぐに関心を失ってしまう素人もおり、意地の悪い批評をする専門家もいますので、八方に気を配らねばなりませんが、手紙の場合は、相手になるのは、先生か、社長か、上役か、伯父さんか、先輩か、恋人か、何れにせよ、特定の個人です。その人の生活や意見や気持、要するに、その人の条件を十分に理解し想像していなければ、手紙は目的を達しないでしょう。

人生に証拠を残すという行為

みなさんの中には、目的を達するためには、嘘を書いても構わない、と私が言っているように受取られる方もおられるでしょう。飛んでもない、それは私の主張ではありません。むしろ、手紙を書くというのは、人生に証拠を残すという厳粛な行為なのです。口頭での話なら、後になって、そんなことは言った覚えがない、とか、そういう心算《つもり》ではなかった、とか言えますが、手紙では、それが出来ません。手紙というのは、一つの証文なのです。仮に嘘を書いたとしても、それは証文となって長く残るのです。

昔の人は、一生のうちに沢山の手紙を書きました。そのため、洋の東西を問わず、いろいろな人々の書簡集が今日に残っていて、その人物や、その時代を研究する上での貴重な資料になっているのです。その人たちが手紙を書かねばならなかったのは、電話が発達していなかった結果で、或いは気の毒なことなのかも知れません。しかし、手紙で結ばれた昔の人々の友情の方が、今日の友情に比べて、深く厚かったのではないでしょうか。なぜなら、人生に証拠を残しながら交際し合っていたのですから。そんな人間関係は煩《わずら》わしいと感じながら、しかし、私たちは、心の何処かで、そういう倫理的な人間関係を求めているような気もするのです。

二　良い文章を書くための方法

11 他人の心を盗む計算をすること

文章は自然に成長する植物ではない

学習院大学の教師をやめてから、もう何年も経ってしまいました。学生たちから見たら、あまり立派な教師ではなかったかも知れませんが、私にとっては、戦後の二十年間を過ごした職場ですから、今でも、いろいろな経験が思い出に残っています。今日は、そういう経験の一つをお話しましょう。

当時、日曜でも祝日でも、私は朝から晩まで研究室に頑ばっていました。そこへ、一年に何回でしょうか、学生が自分の書いた論文（?）を持って来て、読んで下さい、と言うのです。それは、私が課題として要求した文章ではなく、彼らが自発的に書いた文章です。長短はさまざまですが、何しろ、小、中学校や高等学校で作文の初歩を学んでいないのですから、十枚にしろ、二十枚にしろ、一足飛びに論文らしいものを書くというのは、本当に大変な苦労であったろうと思います。

さて、その論文ですが、勿論《もちろん》、稀には、論旨の明瞭な立派な文章がありますけれども、大部分は、一体、何を言おうとしているのか、それが呑み込めないような文章なのです。これは、その学生が悪いというよりは、作文教育を無視している日本の教育——世界中で日本だけでしょう——が悪いに決っています。といっても、論旨が理解出来ないような文章では困ります。そこで、読み終ってから、「一体、何を言おうとしたのか」と私が聞くことになります。そうすると、学生は、案外、簡単に趣旨を話してくれますし、それはそれで私にも理解出来るのです。ところが、その趣旨を彼が文章に書くとなると、論旨不明の文章になってしまうのです。

こういう経験は何度となくありました。そのたびに、というわけではありませんが、私が学生に向って、「設計図を見せ給え」と言ったことがあります。「設計図？」と学生は必ず戸惑った表情になります。いや、みなさんも戸惑うでしょう。

以前から、私は、文章というのは一種の建築物だと考えています。大きな論文はビルディングのようなもの、小さな文章は交番のようなもので、文章が建築物であるならば、それを作るのには、どうしても、設計図がなければなりません。正確な設計図を用意せずに、文章を書き始めたら、論旨不明の文章が出来上るのは全く当然のことです。

或る頃から、私は文章は一種の建築物であるという信念を持っているのですが、「思った通りに書きなさい」、「見た通りに書きなさい」と主張する人たちは、文章というものを、自然に成長する植物の一種のように考えているのでしょう。その人たちが植物と考えているものを、私は、人間が計画し構成する建築物のように考えております。突きつめて考えれば、人生観や世界観の違いに帰着するのでしょうか。

設計図作りで思索が綿密になる

何《いず》れにせよ、私の流儀で申しますと、文章を書くのは建築物を作ることなのですから、第一に、文章を書き始める前に、完成後の姿というか、イメージというか、それが心に浮んでいなければなりません。どんなビルを作るつもりなのか、どんな茶室を作りたいのか、そのイメージがなかったら、文章を書くという行為は出発することが出来ません。

第二に、どんな建築物でも、いろいろな材料が必要で、これを事前にすべて用意しておかねばなりません。それと同様に、文章の場合も、いろいろな観念を取り落しなく用意しておかねばなりません。誰の言葉でしたか、「すべての文章は証明である」と言われるように、結局、いろいろな材料を用いて、自分の主張の正しいことを証明するのが文章というものなのですから。

第三に、材料を実際に使う場合の順序を決定しておかねばなりません。私の経験から申しますと、この点が特に大切なように思われます。自分の主張したい論点は明らかであり、それを証明する事実や観念が十分にあると思うと、それでもう安心してしまって、材料を使う場合の順序を忘れ易いものです。しかし、一軒の家を作ろうという時、最初に瓦《かわら》を地面に並べてしまったら、土台を作ることも、柱を立てることも出来なくなります。どの材料をどの段階で使うかについて、私たちは綿密な計算をしておかねばなりません。計算に小さな狂いがあっても、大切な材料を使うことが出来なくなりますし、また、無理に使うと、材料が死んでしまい、文章の説得力が失われてしまいます。

以上のような諸点を書きとめたノートや紙片を私は勝手に「設計図」と呼んでいるのです。設計図が出来ますと、私の場合は、文章の八割ぐらいが出来上ったような気持になります。それだけに、設計図を作るのは大変なエネルギーを必要とする仕事で、少し大きな論文の場合、設計図を作るだけで瘦《や》せてしまいます。と申しますのは、この仕事の途中で、材料の不足に気がついて、勉強し直すようになったり、勉強し直した結果、自分の主張が動揺し始めたり、要するに、大小の苦労が絶えないためで、逆に申しますと、自分の思索が本当に綿密になるのは、設計図の段階であるとも言えるのです。

私が無器用な人間だという点もあるに違いありません。確かに無器用なのです。四百字詰原稿用紙で僅《わず》か三枚という程度の短い文章を書く場合でも、私は必ず丹念に設計図を作ります。長い間、文章を書いて暮して来たのですから、多少はコツを心得ている筈なのでしょうに、そこが無器用の悲しさ、設計図が出来上らないと、書き始めることが出来ないのです。その上、設計図も一度で出来上るというわけには参りません。二度、三度と設計図を作り直すことが稀ではありません。

設計図という言葉が気に入らない方は、それを「デッサン」と言い換えて下さっても結構です。内外の偉い画家の仕事ぶりを拝見いたしますと、百号というような大きな油絵を描く前に、実に夥《おびただ》しいデッサンを試みています。あの方々も、やはり、無器用なのかも知れない。そう思って、私は少し安心するのです。

他人の心を盗む文章とは

どうも、今日は少し固い口調になってしまいました。学習院時代の経験を思い出しているうちに、教師の癖が出てしまったのでしょう。文章は建築物であるとか、計算が大切であるとか、喋って参りましたが、私は、教科書風な退屈な順序を尊重しているわけではありません。初めに門があり、次に玄関があって……という調子で書くことをお勧めしているわけではありません。

泥棒は、門を入り、玄関のベルを押して、私は泥棒です、と家人に名乗りはしません。彼は、勝手口とか、便所とか、そういうところから密《ひそ》かに忍び入って、奥の部屋にある金品を盗むのです。――急に泥棒の話などを始めて申訳ありません。しかし、泥棒が現金や貴金属を盗むものであるならば、立派な文章を書くというのは、他人の心を盗むことなのです。同じく盗む以上、私たちは泥棒に多少は学ぶところがあっても不思議ではありません。門を入り、玄関のベルを押し、家人に姓名を名乗るという順序を守っていたのでは、他人の心を盗むような文章を書くことは思いも寄りません。勝手口とか便所とか――汚い話ですが――からソッと忍び入ってこそ、他人の心を盗むことが出来るのです。私が順序とか計算とか申しますのも、他人の心を盗むための順序のこと、計算のことなのです。

12 「真理」を伝えるためのレトリックを忘れないこと

「文章作法」を説いて、デカルトを批判したヴィーコ

数年前のヨーロッパ旅行の途中で、僅か一晩泊っただけですが、イタリアのナポリへ行って来ました。いいえ、「ナポリを見てから死ね」というような古くからのコマーシャルに乗せられたわけでもありませんし、もともと、ナポリは旅行日程に入っていなかったのです。それなら、なぜ行ったのか、と言われると、少し面倒な説明をしなければなりませんが、我慢して聞いて下さい。

あれは、ギリシアのアテナイのホテルか、イタリアのローマのホテルか、よく覚えていませんけれども、退屈紛《まぎ》れに、フランスの或る出版社から発行されている旅行案内のイタリア篇の頁を繰っているうちに、ナポリの地図が出て来ました。それをボンヤリ眺めておりますと、ヴィア・サン・ビアジオ・デイ・リブライという町名が私の目に飛び込んで来

たのです。思わず、ハッとして、その瞬間、サン・ビアジオ通りが今もあるのなら、是が非でも、ナポリへ行かねばならぬ、と私は決心したのです。

実は、このサン・ビアジオ通りというのは、ヴィーコ（一六六八年―一七四四年）というイタリアの哲学者が生れ、住んでいた町なのです。ヨーロッパ旅行の頃、私はヴィーコの大きな意味に気がついて、彼の生涯や学説を少し勉強していたので、サン・ビアジオ通りという名前も覚えていたのです。ヴィーコの大きな意味とは何か、とおっしゃるのですか。詳しいことは、拙著『倫理学ノート』（岩波書店、昭和四十七年）を読んで戴かねばなりませんが、一口に言えば、彼がデカルト（一五九六年―一六五〇年）の最大の批判者である点にあります。どなたもデカルトのことはよく御存じでしょうが、すべてを疑って、どうしても疑い得ないような絶対的な確実性を求めた哲学者です。彼は、そういう確実性を持つ学問は数学だけだと考えました。さて、それからが問題なのです。デカルトは、絶対確実な真理は、誰にでも真理として認められるものであるから、真理を表現するのには、文章上の特別の工夫など不必要である、有害である、と考え、レトリック（修辞学）というものを排斥したのです。

ヴィーコは、一六九九年から一七四一年まで、ナポリ大学のラテン語のレトリックの教授を勤めていた人です。レトリックが専門であったということも忘れてはなりますまいが、彼は、当時のヨーロッパの思想界を支配していたデカルト哲学を正面から批判して、レトリックの持つ深い意味を主張したのです。つまり、「文章作法」が如何《いか》に重要であるかを説いたのです。

レトリックは「裸の真理」を包む衣服である

ナポリは、コマーシャルに言われるような美しい町ではなく、ひどく荒れた貧しい町でしたが、サン・ビアジオ通りは、あの地図の通り、三百年後の今日も残っていました。これは、東京の町名が猫の目のように変るのに慣れていた私には、全く意外でした。私の本籍地にしても、長い間、東京市日本橋区薬研堀《やげんぼり》だったのですが、その後、東京都中央区日本橋両国と改称されたかと思うと、右のヨーロッパ旅行中に、東京都中央区東日本橋と勝手に改称されている始末です。これに反して、ナポリでは、サン・ビアジオ通りが現在も残っており、家屋番号三一というのを頼りに、到頭《とうとう》、ヴィーコが生れた家を発見することが出来ました。

レトリックに話を戻しましょう。考えてみれば、もともと、学問観というか、人間観というか、それがデカルトとヴィーコでは全く違うのです。確かに、数学の世界であれば、通常、真理と虚偽とはハッキリ区別されて、誰も間違うことはないでしょう。しかし、ヴィーコの念頭にある真理というのは、少年のヴィーコ自身が父親の弁護のために出廷したことのある法廷における真理なのです。広く言えば、街頭における真理、人生における真理なのです。純粋無垢の真理探求者だけの住む世界ではなく、感情、野心、利益などが渦巻いている世界、相手がいる、敵がいる世界、そういう世界における真理なのです。

ヴィーコは「裸の真理」ということを言っています。数学の世界なら、真理は裸であっても構わないが、人間の世界では、真理は裸であってはならぬ、と彼は申します。真理は、真理に相応《ふさわ》しい衣服に身を包んで、真理らしく見えなければいけない。真理を真理らしく見せる衣服が立派な文章であり、その方法を研究するのがレトリックである。そうヴィーコは考えたのです。勿論、虚偽が虚偽らしく見えるような衣服を身に着けていれば、何も問題はないでしょうが、虚偽が、あの手この手と、如何にも真理らしく見える衣服に身を包んでいたら、裸の真理は簡単に虚偽に負けてしまうでしょう。

南イタリアのナポリを訪れた数日後、私は北イタリアのミラノへ参りました。ミラノで、淋しい裏町のようなところを歩いていましたら、ひょっこり、ヴィーコ通りという町に出てしまいました。私は大いに感激しました。しかし、気がついてみると、淋しいのも当然で、それは刑務所に沿った通りなのです。何時《いつ》も貧しく不遇だったヴィーコの生涯、思想史の表通りを歩いたデカルトとは反対に、三百年間、思想史の裏通りに追い込まれて来たヴィーコの運命、それを思い出させるような経験でした。

今もデカルトは生きている

今も、デカルトは私たちの間に生きています。数学を学問の模範と見る考え方、黙っていても真理は真理であるという、レトリック軽蔑の伝統。ことによると、「見た通りに書きなさい」とか、「思った通りに書きなさい」とかいう、全く役に立たない忠告も、元を糺《ただ》せば、デカルト思想に源を発するものなのかも知れません。

また、世の大学教授諸君が総合雑誌などに寄せている論文が読者にとって大変に不親切であるのも、大袈裟《おおげさ》に言えば、デカルトの影響によるのでしょう。どんなに悪文でも真理は真理、判らなければ判らない方が悪いというのでしょうか。相手の気持や境遇を何一つ考えない、レトリック抜きの文章に出会うと、私もかつて大学の教師をしていましたが、実際、腹が立って来ます。また、そういう文章を有難く掲載する編集者を情ない人間だと思います。寄稿者も編集者も、せめて、チェーホフの短編でも読んで、それから出直したらよいでしょう。

それから、新左翼というのでしょうか、近代を越えるなどと称して、一部の雑誌や新聞で喚《わめ》いている人たちは、これも、どんなに乱暴な文章でも真理は真理というつもりなのでしょうが、実は、レトリックを完全に無視することによって、近代を越えるどころか、デカルトに始まる近代思想の枠を守っているのです。

13　日頃の思いつきを大切にすること

文章は思いつきの鎖

こんな落語を聞いたことがありませんか。近くに住む貧乏な人が足早に通り過ぎるのを見て、「あんなにコセコセしていては、とても金持にはなれない」と呟《つぶや》いた人が、今度は、同じ近所のお金持が足早に通り過ぎるのを見て、「あのくらいすばしこくなければ、とても金持にはなれない」と呟く。私が父に連れられて寄席へ行ったのは半世紀以上も昔のことですから、もう正確な記憶はありませんけれども、大体の話は、こんなことであったかと覚えています。

足早というのは、要するに、秒速何メートルという歩調のことなのに、貧乏な人の場合には、「コセコセ」という非難の言葉で呼ばれ、お金持の場合は、「すばしこい」という賞讃の言葉で呼ばれる。まあ、それが世間や人生の一面なのでしょう。しかし、落語の解説くらい、間の抜けたものはありませんから、もうやめますが、「思いつき」と「アイディア」との間にもこれに少し似た事情があるような気がするのです。そんな風に感じませんか。「思いつき」というと、「これは本当の思いつきですが……」とか、「何だ、それは君の思いつきじゃないか……」とかいう用法からも知られる通り、如何にも吹けば飛ぶようなものに見えますが、これに反して、「アイディア」となりますと、「日本アイディア・センター」という研究所を私の友人が作っているくらいで、堂々たる感じがします。「思いつきセンター」では、誰も相手にしてくれないでしょう。

しかし、「思いつき」と呼ばれるものと、「アイディア」と呼ばれるものとの間に、どんな相違があるのでしょうか。実は、さきほどの「秒速何メートルという歩調」と同じことで、実体に違いはないのです。違っているのは、名前だけなのです。以前から、私はそんな風に思っています。「思いつき」と呼ばれようと、「アイディア」と呼ばれようと、結局、いろいろな事柄に関する感想のことです。勿論、同じような事柄についても、物理学者の持つ感想と、大工さんの持つ感想とでは大きな開きがあるでしょう。男性と女性とでも違うでしょう。いや、それよりも、或るテーマで一つの文章を書こうと考えている時と、そんなことを考えていない時とでは、同じ人間でも、感想の持ち方が全く違います。前の場合では、いろいろの感想が次々に湧いて来るものですし、後の場合は、ボンヤリと時間を過ごしてしまうものです。

文章というのは、さまざまな方面から見ることが出来ますが、或る方面から見ますと、要するに、感想の鎖なのです。いろいろな思いつき――で悪ければ、アイディア――を或る順序で組み立てたものにほかなりません。前に触れたように、文章は一種の建物であると言っても、そもそも、建築材料になる思いつきがなければ、どんな文章にしろ、到底、書くことは出来ません。

自分独自の思いつきを暖める

立派な文章が書けるようになりたい。そうお考えの人は、自分の思いつきを大切にした方がよいように思います。と申しましても、誰でも考えているような思いつきを大切にしてみても、あまり大したことはありません。やはり、自分の独創というほどではないにしろ、他人が思いつきそうもない思いつきの方が価値があるに決っています。さて、それを大切にするというのには、二つの意味があるように思います。

第一は、思いつきを殖《ふ》やして、それを保存することです。よほど大きな思いつきなら、それだけで立派に通用するでしょうが、そうでない場合は、沢山なければ駄目です。また、思いつきにしろ、アイディアにしろ、何か軽い感じがすることからも察せられますように、ウカウカすると、糸の切れた風船のように、何処《どこ》かへ消えてしまうものです。消えてしまうのを避けるためには、それを書きとめておく必要があります。私が以前から用いている方法は、メモ用紙——どんな紙片でも構いません——に書きとめて、それを大型の封筒に投げ込んでおくという遣《や》り方です。

第二は、沢山の思いつきの連絡をつけるということです。思いつきというものは、ポッカリと浮ぶものです。沢山の思いつきといっても、それらの間に緊密な関係がないのが普通です。しかし、或るテーマの文章を書こうと考えている時は、精神が自然に或る方向へ緊張しているのでしょう。大型の封筒から多くの紙片を取り出してみますと、案外、A↓B↓C……というように、思いつき同士の間に或る種の連続性が出て来るものです。時には、A↓Cというような不完全な連続性しかなく、それに刺激されて、後から、AとCとを繋《つな》ぐBを思いつくというようなこともあります。

しかし、以上に申上げたことは、大型の封筒などはお使いにならなくても、きっと、みなさんが黙ってやっていらっしゃることでしょう。兎に角、いろいろな思いつきの間に或る種の連続性が現われて参りますと、文章を書こうという元気が出て来るものです。ただ、問題は、A↓B↓C……という自然の順序が、そのまま、文章を書く時の材料の使い方の順序と一致するかどうかという点にあります。文章を書き慣れている方なら、思いつきの順序が自《おのずか》ら叙述の順序になるでしょうが、書き慣れていない方ですと、思いつきの順序に手を加えて、これを叙述の順序に作り変える必要があるかと思います。この点は、そのうちお話することにして、ここでは、思いつきを大切にするという点を是非とも御記憶下さい。

多くの思いつきに連絡をつけておく

少し前に、ヴィーコという昔のイタリアの哲学者のことをお話しました。彼がレトリック——修辞学、つまり文章作法——の深い意味を論じたことにも触れました。実は、レトリックの必要を説きながら、彼はトピカということについて述べているのです。トピカというのはラテン語で、英語のトピックの先祖のようなものです。少し言い換えれば、思いつきのこと、アイディアのことです。また、彼はインヴェンチオの必要ということも説いています。インヴェンチオというラテン語は、どなたも御存じのインヴェンション（発明）という英語の先祖で、ヴィーコの場合は、発想とか着想とかいうような意味です。

彼がこういう点を強調しましたのは、前にも申しましたように、自分の考えていることは真理であるという強い自信があっても、ただそれだけを書いたのでは、他人に理解されるものではない、と彼が考えていたからです。他人に理解されなくてもよいというのなら、初めから文章など書かなければよいのです。他人に理解される文章を書こうというのなら、日頃から沢山のトピカを用意しておいて、それらの間に連絡をつけておかねばならない。ヴィーコはそう考えていたのです。

14　何から書き始めるかに苦心すること

文章を書き始めることは、観念の塊を解きほぐすことである

何から書き始めたらよいのか。それは、文章作法の中でも、恐らく、最大の問題でしょう。それが十分に会得されたら、文章作法は終るのではないでしょうか。正直な話をしますと、私などは、もう何十年間も文章を書いて来ていますから、その技術というのでしょうか、コツというのでしょうか、それを少しは心得ているつもりなのですが、それでも、いざ、書き始めるということになりますと、われながら情なくなるほど緊張し、それと同時に、不安になって来るのです。少し長い文章の場合ですと、何から書き始めるかという問題で幾日も考え込んでしまうことがあります。これも要するに、私が無器用なせいでしょう。しかし、何も無器用の自慢をするわけではありませんが、何事でも、無器用な人間の方が修業によって確実に上達するようですから、私も無器用をそう恥ずかしいこととは考えていません。

兎に角、何から書き始めるかというのは深刻な問題です。前にも、文章を書くのは、建築物を作るようなもので、材料を並べる順序をよく考えなければいけない、最初に瓦を地面に並べてはいけないなどと申しましたが、沢山の材料の中で、どれが瓦なのか、どれが柱なのか、どれが土台なのか、その見分けも簡単につくものではありません。では、どうすればよいのか。深刻な問題に対して、大変に無責任なお答をするようですが、何でもよい、好きなところから書き始めなさい、と申上げるほかはありません。何処でもよい、気の向いたところから書き始めなさい、というのが、お答といえばお答です。

近頃は、家庭で母親が裁縫しているという風景はあまり見られません。見られるとしても、ミシンを踏んでいる姿でしょう。私が子供だった頃は、どの家でも同じでしょうが、母親が——勿論、和服の——裁縫をよくやっていました。時々、糸が縺《もつ》れて玉になってしまうことがあります。あちらこちらと引っ張ってみるのですが、一向にほぐれないで、益〻《ますます》縺れてしまう。それに似た経験は、どなたも一度や二度はお持ちでしょう。ところが、何かの拍子で、或る部分を引っ張ってみますと、縺れていた糸がスルスルと気持よく解けて来ることがあります。きっと、そういう経験もおありでしょう。文章をうまく書き始めるのには、頭につまっている観念——アイディア、思いつき——の塊を解きほぐすということなのです。何処を引っ張れば、観念の縺れた塊がスルスルと解けるのか。それが最初から判っていれば、何も苦労する必要はないので、まあ、あちらこちらと何遍も引っ張ってみる以外に方法はありません。それが修業というものなのです。さきほど、好きなところから書き始めなさい、と甚《はなは》だ無責任なことを申上げましたが、好きなところから書き始めて、それで観念の縺れが気持よく解けるようになるまでには、かなりの修業が必要でしょう。

あちらこちらと引っ張ってみるというのが、前に述べた設計図の仕事になるのです。また、観念の縺れた塊がスルスル解けるというのは、それが自分にも面白く感じられるような順序で材料が並べられて行くということなのです。自分に面白く感じられるというのが、きっと、自然で適切な順序である証拠なのでしょう。

「はじめに」「おわりに」という見出しはやめる

どなたもお気づきだと思いますが、最近の諸雑誌に載っている論文——というほどでなくても堅いテーマを取扱った文章——を見ておりますと、最初の部分に「はじめに」という見出しがあり、また、最後の部分に「おわりに」という見出しがついていることが多いようです。何時か、一つの型が出来てしまったようです。私は、あれが大嫌いなのです。

特に調べたことはありませんが、戦後、当用漢字というものが決定され、それが強制されて行く過程、つまり、幼稚園的民主主義が伸びて行く過程で作り出されたパターンのように思われます。

申すまでもなく、「はじめに」というのは「序論」のことで、ここで、それに続く本論の狙いなどを書き、「おわりに」というのは「結論」のことで、本論の要旨をまとめるというパターンなのです。編集者の中には、このパターンを守らないと非民主的になってしまうと思っている人がいるようで、そんなパターンのことなど考えないで書いた私の文章にまで、わざわざ、最初の部分に「はじめに」、最後の部分に「おわりに」という見出しをつけてくれる始末です。そういう編集者は、自分で文章を書いたことが一度もないのでしょう。縺れた糸の玉を解きほぐす苦労を知らないのでしょう。

やっとのことで、観念の縺れがほぐれ始めた、文章の最初の部分というものは、人によって違いますが、本論の狙いなどを書く「はじめに」の役を果さないものです。また、これも人によって違いますが、文章が終る時は、もう書くのが厭になったから、または、もう書くことがなくなったから終るのです。それなのに、もう一遍、「おわりに」などと称して、本論の要旨を繰返すなどというのは、人間のやることではありません。

書き出しに苦しめ、苦しめ

　さきほど、泥棒の話をしましたね。覚えておいでですか。泥棒は金品を盗むものであり、立派な文章を書くというのは、他人の心を盗むことだと申しました。そう、あの話です。泥棒は、他人の家の門を入り、玄関のベルを鳴らし、家人に向って「私は泥棒です」と名乗りはしません。それでは、現金にせよ、貴金属にせよ、盗むことは出来ません。盗むのには、勝手口や便所から忍び込まねばなりません。他人の心を盗もうという場合も同じことで、玄関からでなく、納戸とか、二階の小窓とか、そういうところから入った方が成功する率が高いように思われます。それだけに、何から書き始めるかというのが難しい問題になるのです。「はじめに」や「おわりに」というパターンを押しつけるのは、泥棒に向って、玄関のベルを押して、家人に名乗りを上げることを勧めているようなものです。

　しかし、考えてみますと、他人の心を盗もうという大望を抱くほどの人間なら、先ず、自分自身の心が立派に整理されていなければなりません。観念の縺れた塊を何とかして解きほぐそうというのは、われとわが心を整理することにほかなりません。糸口を探しあぐねて、緊張と不安とのうちに苦しんでいる時、私たちの心はあちらこちらと出口を求めているのです。そういう苦しみや迷いの中でなければ、悲しいことに、人間というものは成長しないのです。少し見方を変えて申しますと、この成長を通して、本論の輪郭が明らかになって来るのです。「はじめに」や「おわりに」という悠長な不潔なものでなく、何が何でも、これだけは言わねばならぬという主張が或る構造を伴って次第に浮び上がって来るものです。

大切なのは本論です。というより、本論だけが大切なのです。立派な短編小説に、「はじめに」や「おわりに」はありません。第一行から本論で、本論でないものは一行も含まれていません。それは小説だから……とおっしゃるのですか。いいえ、短編小説と短編論文とをやたらに区別するのがいけないのです。

15　芸人のように振舞うこと

前にも使いましたが、不特定多数という言葉があります。何時頃から使われるようになったのか、それは判りませんが、あまり古い言葉ではないように思います。まあ、砕いて言えば、「いろいろな人たち」という意味なのでしょうけど、随分いかめしい感じのする言葉です。

不特定多数の人たちに読まれる

誰でも、自分の書いた文章が活字になるというのは、何とも言えぬ嬉しいもの、いいえ、いくら強い表現は避ける方がよいからといって、嬉しいもの、では少し弱過ぎます。初めて自分の文章が活字になった時の感激と申しましょうか、昂奮《こうふん》と申しましょうか、それは、経験したことのある人でなければ判らないような大きな喜びです。最初の時ばかりではありません。私のように、何十年も、自分の文章を活字にすることで生きて来た人間にとっても、最初の頃ほどではないにしろ、やはり、それは相当の感激と昂奮とを与えてくれるものです。

さて、あの不特定多数に戻りますが、自分の文章が活字になるというのは、文章が不特定多数の手に渡るということにほかなりません。活字にならない場合は、自分ひとりで読むとか、精々、自分の仲間が読んでくれるとか、その程度のことですが、ひとたび活字になれば、不特定多数の手に、つまり、見知らぬ人たちの手に渡って、その人たちに読まれたり、感心されたり、軽蔑されたりすることになります。感心されるのは、有難いことに決っていますが、軽蔑されるというのは、恐ろしいことです。しかし、活字になるというのは、そういう運命を進んで引き受けるということです。この辺から、不特定多数ということの面倒な問題が現われて参ります。

不特定多数というのは、どんな人たちでしょうか。それこそ、いろいろな人たちがいるので、容易に見当はつきませんけれども、それに二つのグループが含まれていることは確かだと思います。今回は、そのうちの一つのグループについて、何処まで参考になるか、全く自信はありませんが、私の感想を申上げることにしましょう。

エッセンスだけで勝負

一つのグループは、素人の大群ということです。と申しましても、すべての事柄について素人であるような人間はいないもので、クリーニング屋なら、クリーニングの仕事について沢山の知識を持っているでしょうし、八百屋なら、野菜について長い間の経験があるでしょう。しかし、私が言いたいのは、一つの文章が活字になる場合、それを読む不特定多数の中には、その文章が取扱っているテーマについての素人が多く含まれているということなのです。そして、素人というものは、一般に、そのテーマについて多くの知識を持っていません。しかし、それより重要なのは、そのテーマについて関心を持っていないということです。書く方が如何に大きな関心を持っていても——持っているから書くのです——不特定多数の中には、全く関心を持っていない人たちが沢山あるわけです。関心がなければ、根気もありません。一行か二行かは読むでしょうが、直《す》ぐ退屈して、投げ出してしまいます。それで結構、そんな連中には読んで貰いたくない、とおっしゃるのなら、それも立派な見識でしょうが、是非、自分の意見を多くの人々に知らせたい、少くとも、自分のテーマに関心を持って貰いたい、と考える場合は、何か工夫がなければなりますまい。

実は、私にも、何一つ知恵はないのです。ただ、時々、落語を聞いたら、何か参考になるかも知れないと思うのです。私が生れた東京の日本橋には、近所に寄席《よせ》が二つ三つあって、よく父親に連れて行って貰いました。近頃の新作落語と違って、古い落語の多くは、ただゲラゲラとお客を笑わせるものではなかったように思います。笑わせながら、同時に、人生というものの悲しさの中へ私たちを導き入れたように思います。それは幼い小学生の私にもよく判りました。父親は、寄席からの帰途、よく涙をこぼしていました。

いや、そういう問題は、別の機会にお話するとして、大切なのは、落語には、何処にも無駄がないという点です。「相変らず、古いお笑いを一席申上げます」と言ったかと思うと、調子を変えて、「与太郎や……」という風に本題に入ってしまいます。長い前置きや弁解などありません。最後まで、何処にも無駄な言葉はありません。かつては無駄な言葉もあったのかと思いますが、長い歴史の中で一つ一つ削り落されて、エッセンスだけが残っているのでしょう。それが伝統というものです。勿論、文章を眼で読むのと、落語を耳で聞くのとでは、大きな違いがあります。しかし、無駄をなくすこと、退屈する隙間を残さないこと、これは双方に通じる話であろうと思います。

芸人は意地と技術

落語は、なぜ無駄がないのか。それは、落語家が芸人であるからです。少くとも、あったからです。最近は、芸能人などという曖昧な言葉が使われています。もともと、落語家というのは、歌を歌う人たち、楽器を使う人たち、芝居をする人たちと同じように、お客を楽しませる芸人だったのです。私は、芸人という言葉の持つ悲しい響きを大切にしたいと思います。芸人は、身分の低い貧しい人たちで、芸を売って、それで生きて来たのです。自分の歌や話がお客に判らなかったら、お客に楽しみを与えなかったら、お客を退屈させてしまったら、自分が生きて行かれなくなるのです。自分が生きて行くためには、是が非でも、芸を磨かねばなりません。芸というのは、見知らぬ人間の心の中へスルリと入って行く技術のことです。

　この私にしても、まあ、一種の芸人なのです。ああ、笑わないで下さい。今は、売文や売文業という言葉は殆《ほとん》ど使われていませんが、フリーのジャーナリストというのは、元来、文章を売って生きる人間、売文業者という身分の低い貧しい芸人なのです。何時の間にか、芸人が芸能人という曖昧なものに仕立てられたように、近頃は、売文業者が誤って思想家などと呼ばれ、その責任とか使命とかが問題になっていますが、これは飛んでもない見当違いで、芸人にとって大切なのは意地と技術とだけです。

　すっかり脱線してしまいました。勘弁して下さい。芸人は下等で、芸術家は上等、というのが常識のようですけれども、芸人の真似はしても、芸術家の真似はしない方がよいように思います。芸人の場合とは反対に、芸術家の場合は、芸術家の言ったり描いたりしたことが判らないと、判らない方が無智で無教養というのが相場になっているからです。みなさんが本当の芸人になる必要はありませんし、また、将来、大芸術家になるかも知れませんが、文章の修業をしている間は、芸術家ぶらない方がよいでしょう。判らない人間は無智だ、退屈する人間は無教養だ、と大きく構えていたら、文章は永久に上達しないと思います。言い換えますと、余計なことは書かない、肝腎なことだけを書くという教訓です。

16　書かない部分についても調べておくこと

甘えてはいけない

ええ、不特定多数の話の続きが、まだ残っていました。不特定多数というのは、要するに、「いろいろな人たち」という意味ですが、その中の素人というグループについては少しお話しましたので、ここでは、もう一つのグループのことをお話しましょう。

もう一つのグループというのは、素人の正反対で、専門家のことです。つまり、私たちの文章が取扱っている問題、アラブ諸国の事情でもよいし、キリスト教のことでもよいし、亜硫酸ガスのことでもよい、兎に角、文章のテーマになっている事柄について専門的な知識を持っている人たちのことです。勿論、自分の身の上や、自分の細君のことなどについては、別に専門家がいるわけでなく、自分自身が専門家のようなものでしょうが、少し大きな問題になりますと、必ず何人かの専門的研究者がいるもので、私たちの文章が活字になるというのは、そういう人たちにも読まれるチャンスが生れることにほかなりません。

専門家が読んで、大変に感心してくれることもあるでしょうが、反対に、専門家から笑われることもあるでしょう。読まれては困る、と言っても、もう手遅れで、それなら、活字になどしなければよかったのです。実際、意地の悪い専門家がいるもので、素人がウッカリ書いた文章を徹底的に批判して、そのため、書いた人が世の中から葬り去られたという例も少くありません。ジャーナリストというのは、何時でも、そういう危険に身を暴《さら》して生きているわけで、不特定多数に読まれるというのには、こういう一面があるのです。

少し恐ろしいような話になってしまいましたが、私は、次のようなことが言いたいのです。或る少数の仲間だけで読むつもりで作った内輪の雑誌が、次第に発展した結果、広く外部の人たち、そうです、あの不特定多数の手に渡るようになった時、往々にして、右に述べたような危険が生じるのです。内輪で読まれている間は、意地の悪い専門家がいませんから、何を書いても、お互いに判り合ったような気持になり、それで無事に済んで行くのですが、雑誌が発展すると、そういう甘えがもう通用しなくなる、通用しなくなっても、まだ隙だらけの文章を書いていると、そのうち、ひどい目に遭うのです。

隙だらけの例ですか。そうですね、「人間性を尊重しよう」などという議論も、或る意味では、一つの例になるでしょう。実際、近頃は、何処へ行っても、人間性の尊重が説かれていますが、「人間性とは何のことですか」と誰かが質問したら、何と答えたらよいでしょうか。仮に、「人間の性質のことです」と答えたとしますと、相手は、「御承知の通り、人間には善い性質と悪い性質とがありますが、あなたは両方を尊重しようとなさるのですか」と聞くかも知れません。或いは、「人間性には、先天的部分と後天的部分とがありますが、あなたが尊重しようとなさるのは、どちらですか」と聞くかも知れません。質問は次から次へ現われて来るでしょう。その場合、どうしたらよいのですか。

そうなんです。文章を書く場合は、自分の使った言葉の定義を求められた時のことを考えておかなければいけないという戒めなのです。その言葉を自分で使いながら、定義が判らないとしたら、これは醜態と言うほかはありません。どなたもお気づきでしょうが、「現代は情報化社会と言われている」というような書き出しで始まる評論がよくあります。私は何時も思うのですが、こういう場合、その評論家自身は、本当に「情報化社会」だと思っているのでしょうか。それが明らかでないのです。また、「情報化社会」というのは、一体、何のことなのですか。どう定義したらよいのですか。その人は何と考えているんでしょうか。私たちは、自分の使う言葉に責任を持たねばなりません。

それなら、先生は、人間性をどう定義するのですか、とおっしゃいますが、それは困ります。私も出来はしません。といっても、私がただ無智だからというわけではなく、世の中には、もともと、スッキリした答のある問題と、そういう答のない問題とがあるのです。数学や自然科学に出て来る問題の多くは前者で、人間生活に関する問題の多くは後者です。例えば、「人生とは何か」というような問題は、いくら勉強しても、いくら考えても、みんなが気持よく承認するような答は出て来ないのです。「人間性」も同じようなものでしょう。

初めに常識あり

みなさんをガッカリさせてしまったようですが、しかし、御承知の通り、こういうスッキリした答のない問題は、遠い昔から今日まで、実に沢山の人たちが考え続けて来たものなのです。彼らが与えた答は、内容もまちまちで、それに、どれも万人の承認を得るには至りませんでしたが、みな思想的な悪戦苦闘の産物なのです。私たちは、一部分にしろ、悪戦苦闘の歴史を知っていなければなりません。また、「人間性とは何のことですか」と質問される前に、それを自分なりにトコトンまで考えていなければなりません。それを怠って、軽い気持で「人間性」を持ち出すというのは、日常の会話なら兎に角、活字の世界では少し甘過ぎるでしょう。こういう問題の意味は、それにスッキリと答えることでなく、答えようと努力することにあるのです。考えること自身にあるのです。そう気がつけば、古来、その問題を沢山の人たちが考えて来たことに関心が湧いて来ます。その人たちは、一体、どう考えていたのだろうか。それを調べることによって、私たちは、この問題に関する常識を持つことが出来ます。どういう問題について書く場合でも、それに関する常識を予《あらかじ》め貯えておかねばなりません。スッキリした答が出来なくても、それに関する人々の意見を知っていれば、言い換えますと、常識を持っていれば、意地の悪い専門家が現われても、そう慌てる必要はないのです。恐らく、彼自身もスッキリした答は持っていないでしょうから。

常識は一万円札のようなもの

常識とは何か。これも、スッキリした答のない問題の一つです。戦前、私は、常識とは五円札のようなものである、という学説（？）を唱えたことがあります。私がフリーのジャーナリストとして、不特定多数を相手に、あの問題、この問題と、雑誌や新聞の需《もと》めに応じて文章を書いていた頃の話です。今なら、さしずめ、一万円札のようなもの、と言うべきでしょうか。

いいえ、大した学説ではないんです。友だちと一緒に何処かで夕食を食べた時など、一万円札一枚ぐらいは持っていないと、飛んでもない恥をかくものです。どなたも、ヒヤヒヤした記憶がおありでしょう。持っていなければいけません。しかし、逆に、僕は一万円札を持っている、と誰かに向って言ったら、十中八九、馬鹿扱いされるでしょう。一万円札は、持っていなければ恥をかくが、さればといって、持っているのを自慢そうに見せれば恥をかく、そういうものです。

お判りだと思いますが、常識も同じことで、持っていないと恥をかくが、自慢そうに見せても恥をかくものです。文章を書く場合、そこで触れる事柄について、平素から十分に勉強して、常識をシッカリ身に着けておく必要があります。そうすれば、非常識だと言われる危険がなくなります。その半面、常識は文章の背後に隠しておいて、それを並べ立てることは避けねばなりません。この点に気がつかないと、常識的だという非難を受ける結果になります。

自分の文章が活字になっても、仲間で読まれている間は、一万円札などは必要がないでしょう。お互いに金持のような顔をして交際することが出来ます。しかし、自分の書いた文章が、知らぬ間に不特定多数に読まれるようになると、どうしても、一万円札ぐらいは持っていなければなりません。

17　書く前は一切を秘密にしておくこと

精神生活には、何か恥ずかしいものがある

私は、毎日、国電で荻窪《おぎくぼ》の自宅と四谷《よつや》の研究室との間を往復していますが、座席に坐れるという日は、あまりないものです。運よく座席に坐れた時、向側の席に坐っている人が、よく書物を膝の上に乗せていることがあります。——ええ、そこまでは何も問題はないのです。ところが、その書物の背が私の方を向いていて、ゲーテの『ファウスト』とか、サルトルの『嘔吐』とか、兎に角、書物の標題や著者の名前が否応なしに私の眼に入ってしまうことがあります。その途端に、私は、見てはならぬものを見たというか、他人のプライバシーを犯したというか、そういう気持になって、思わず、眼を伏せます。何とも言えず、恥ずかしくなるのです。

なぜですか、と言われると、私は、気の弱い人間だから、特別の恥ずかしがり屋だから、とでもお答えするほかはありません。まあ、そういう度胸のない人間の感想と思って聞いて下さい。

しかし、私の気持などとは関係なく、国電の向側の席に坐っている当人は、一向に平気です。ことによると、自分が学生であること、インテリであることを誇示しているつもりなのかも知れません。しかし、私は駄目なのです。これも幼い子供の時からの癖で、自分の読んでいる本を他人に知られると、上品に言えば、心の内側を覗かれたような、下品に言えば、便所に入っているところを覗かれたような、そういう気持になるのです。といっても、君が読んでいるのは何だ、と友人に聞かれれば、これも気が弱いせいでしょうか、カントだよ、などと素直に小さな声で答えるのですが、それでも、自分と本との関係は、出来ることなら、ソッとしておいて貰いたいのです。

こういう自分の癖を楯にとって考えてみますと、ゲーテの『ファウスト』の背を平気で私に見せているような人の場合、彼が本当に『ファウスト』を読んでいるとしても、その人の心とゲーテの心とは本当に噛み合っていないのではないか、逆に、もし本当に読んでいるとしたら、自然、あの本の背を自分の方に向けて、それと悟られないような、まして、宣伝などしないような態度になっているのではないか。どうも、そんな風に感じられるのです。相手がゲーテであれ、太宰治《だざいおさむ》であれ、サルトルであれ、或る著者の心と自分の心とが本当に噛み合うというのは、どうも、正確に表現できないのですけれども、何か犯罪に似た秘密の事柄のような気がするのです。コッソリとやるべきこと、コソコソやるべきこと、そう思われるのです。やるべきだ、というより、そうなるのが当り前のように思われるのです。

知らぬ間に、文章修業などと全く縁のない話になってしまいました。縁がないどころか、他人に読まれる文章を書くというのは、進んで秘密を公開することですし、沢山の聴衆を相手にする講演となれば、どうしても、芝居がかった要素が入って来るもので、相当の図々しさが必要になって来るのですから、今更、気が弱いとか、恥ずかしいとか、そんなことが言えた義理ではありません。

書くのは、秘密の公開である

しかし、妙な理窟を言うようですが、やっぱり、多少の縁はあるように思うのです。いいえ、ことによると、一つのことなのかも知れません。多くの場合、他人に読まれる——或いは、読ませる——文章を書くというのは、他人の眼に触れぬようにコッソリと営んで来た恥ずかしい精神生活の一端を、恥を忍んで一般に公開することだからです。「何を隠そう」と名乗りを上げることだからです。名乗りを上げるのには、かなりの決心と勇気とが要《い》ります。少くとも、周囲の人たちがみんな長いスカートであった時に、初めて自分ひとりミニスカートで人前に出た女性——誰か知りませんが——と同じ程度の決心と勇気とが要るものです。

何だか決死隊のような話になってしまいました。決心や勇気の必要ばかり持ち出したら、誰だって、文章など書く気がなくなります。しかし、そう大袈裟に考えないで下さい。大袈裟なのは先生の方です、とおっしゃられると、一言もありませんが、私の考えでは、読書や思索によって精神生活が或る程度まで熟して来ると、それを一般に公開しようという決心や勇気——或いは、虚栄心——は黙っていても生れて来るもので、その点、私は大いに安心しているのです。エネルギーが次第に蓄積されて来て、爆発しそうになるものです。コソコソと読み、コッソリと考えていれば、後は自然の成行に任せておけば大丈夫と思うのです。むしろ、私が非常に不安なのは、読書や思索が小さな実を結んだ頃、それを気心の知れた友人などにウッカリ話してしまうことの危険なのです。そうです、誰でも話したくなるものです。勿論、話すこと自身が目的で、そのために読んだり考えたりして来たのであれば、それはそれで結構なのですが、書こうという目的であったら、まだ一切を秘密にしておいた方が無事だと思うのです。そうは言いましても、話すことが、書くための予行演習になったり、自信をつけるチャンスになったり、友人の意見を参考にする機会になったりするというプラスもないわけではありますまいが、私のような性格の人間から申しますと、秘密の公開は最後に書くという方法によって行うのが本道で、よほどの自信がない限り、犯行に先立って予告するのは危険が大きいように思われるのです。

世の中は広いもので、多少は名を知られた評論家でありながら、いざ、何か書くとなると、全く手も足も出ないが、誰かを相手に喋るとなると、滔々《とうとう》たる雄弁……というような人間がいるものです。私などの考えでは、この人は、やたらに喋ってしまうから書けないので、喋ってエネルギーを爆発させてしまったら、もう書いて爆発させるだけのエネルギーが残らない、と思われるのです。けれども、その評論家は、ひょっとすると、密かに、孔子、ソクラテス、キリストの真似をしているのかも知れません。なぜなら、これら東西の聖賢は、自分は喋るだけで、喋ったことを誰かが書き記したことによって、その言行が後代に伝えられているのですから。喋る人間の方が、書く人間より偉いのでしょう。

話し言葉と書き言葉は違う

さて、聖賢の真似はやめるとして、前にも触れた通り、話し言葉は、言葉そのもののほかに沢山の味方がいるものなのです。話す人の口調もそうです。表情もそうです。身振りもそうです。これらの味方は、四方八方から言葉を助けてくれます。補ってくれます。言葉そのものが不備でも辻褄が合わなくても済みますし、それに相手が頷《うなず》いてくれたり、「そうだ」と言ってくれたりすれば、もう説明や証明をする必要がなくなります。つまり、大変に不完全な言葉でも、それで立派に表現したような気分になれるのです。ところが、同じ趣旨を文章として書こうとなると、何処を見回しても、一人の味方もいません。いるのは、言葉という頼りのないものだけで、それを使って、口調、表情、身振りなどの果した役割まで演じ、一々、丹念に説明や証明を行わねばなりません。

人間の精神というのは融通の利《き》かないもので、一度、話すという仕方で表現してしまいますと、書く場合にも、話した時と同じ調子で書きたくなるものです。四方八方に味方がいる場合の、言葉としては隙間だらけの調子がまた顔を出して来るものです。心に一つの溝が出来てしまうのでしょう。しかし、それでは、到底、文章は書けるものではありません。話すことと書くこととの間には、大きな距《へだた》りがあるのです。だって、そうではありませんか。日本中――というより、世界中――の人間が朝から晩まで立派に（？）喋りまくっているのに、文章らしい文章が書ける人は、どの国にも数えるほどしかいないのですから。

三　日本語を知るための方法

18 外国語を通して日本語を学ぶこと

日本語を外国語のように見よ

何ですって、学校では、「作文」は教えてくれないが、「英作文」は教えてくれる。なるほど、そうですね。面白いですね。これこそ、本末顛倒、戦後教育の植民地性ということになるのでしょうが、もう情なく思うのにも草臥《くたび》れました。しかし、考えようによると、「作文」がなくて、「英作文」があるというのは、案外、それはそれで、粋なシステムなのかも知れません。なぜなら、英作文の時の緊張した気持、あの気持で日本文というものに臨むことが、文章修業の大切な出発点であるからです。

英作文では、長い文章など論外で、精々、短い文章です。そして、一字一字、一語一語、一句一句、綴《つづり》の間違いがないか、文法上の間違いがないか、片時も鋭い意識を失うことは出来ません。それと同じ鋭い意識を持ちながら、日本文を書いて行ったら、黙っていても、私たちは正確な文章が書けるのです。書けないのは、相当部分、日本語が母国語であることに甘えているためなのです。強い言い方をしますと、私たちが日本語を外国語であるかのように取扱った方が、道が早く開かれるのです。

「母国語しか知らない人間は、母国語も知らない」という意味の言葉があります。誰の言葉であったか忘れてしまいましたが、これは、重たい真実を伝えている言葉です。

第一次世界大戦が終って間もなく、私は中学へ入り、ドイツ語を学びました。当時、日本中の中学が英語を教えていたのに、ただ一つ、私の中学だけはドイツ語を教えていました。ドイツ語の勉強を始めた途端に、変な話ですが、私は日本語というものに気がつきました。ドイツ語でなく、英語でもフランス語でも同じでしょうし、また、これは私だけでなく、誰でも同じであろうと思います。

大きく言えば、哲学の問題になりますが、私たちが或るもの（A）を知るのは、他のもの（B、C……）を知って、それと比較して知るのです。Aだけを知っている間は、Aのことも判りません。

私たちは、日本語（A）を母乳と一緒に吸って育って来ました。日本語は、何でもない空気のように思われ、また、みんな日本語の名人のようなつもりになっています。日本語は、言ってみれば、無意識の底に沈んでいるのです。ところが、外国語（B、C……）の初歩を学ぶや否や、AがBやCと如何《いか》に違うか、厭でも、それに気がつきます。BやCとの比較を通して、Aの特徴を知るように——少くとも、感じるように——なります。そうでしょう。つまり、日本語というものが意識され始めて来るのです。「私は……であります」というのは同じでも、英語の I am……や、ドイツ語の Ich bin……や、フランス語の Je suis……を知る前と、知った後とでは、私たちの気持が変って来ます。日本語というものを、或るフレッシュな態度で見るようになります。

鋭い意識などなくても、フレッシュな態度などなくても、ただペラペラ喋っている分には差支えありません。辻褄《つじつま》の合わぬ文章を書くのに不自由はありません。しかし、差当っては正確な文章、やがては達意の文章、そういうものを書くのには、どうしても、日本語に対する鋭い意識、フレッシュな態度が必要なのです。そして、それは、図《はか》らずも、外国語の勉強が与えてくれるのです。

外国語を知って初めて日本語を知る

それなら、英語もドイツ語も知らなかった昔の日本人は、どうして立派な文章が書けたのか、というのですか。冗談言っては困ります。昔の人は、漢文という中国語の古い文章を徹底的に勉強していたのです。今日の英語どころの騒ぎではありません。幼時から漢文を叩き込まれて育ち、それが、昔の日本人に日本語の鋭い意識を与え、彼らの、或いは頑丈な、或いは繊細な文章を生む一つの条件になっていたのです。

違い過ぎる、とおっしゃる。確かに、日本語と英独仏語などとの間には、大変な相違があります。不便と言えば、こんな不便なことはありません。けれども、有難いと言えば、こんな有難いことはないのです。

　こういう事実があります。判り切った話ですが、現在、英語の本がドイツ語に訳されたり、ドイツ語の本がフランス語に訳されたりしています。そういう訳本を見ますと、多くの場合、訳者名は、探さないと発見出来ないような、扉の片隅や裏側に小さく印刷されているだけです。これに反して、外国語の本が日本語に訳された場合は、御承知の通り、訳者名が著者名と同じ大きさの活字で堂々と印刷されています。

　もうお気づきだと思いますが、英独仏というような言語は、少し乱暴に言えば、遠近の差はあれ、親類筋のようなもので、一方を他方へ翻訳するといっても、そう大した苦労は要りません。翻訳の仕事が大仕事でもなく、況《ま》して、大業績にはならないのです。ところが、英独仏語を日本語に移すとなると、言語の系統も、文法の構造も、親戚どころか、全く赤の他人で、それだけに困難が大きくなり、従って、翻訳が大仕事になるのです。訳者名が著者名と同じ大きさの活字であっても、不思議はありません。

　しかし、諸外国でも、訳者名が大きく堂々と印刷されているケースがあります。それは、古代のギリシア語やラテン語の古典を英独仏などの現代語に翻訳した場合です。理由は言わなくても、よくお判りでしょう。大変に違う言語を翻訳するという困難な仕事であるからです。

ヨーロッパの古典語教育

　私は、イギリスのハロッドという大学者の『社会科学とは何か』（岩波新書、昭和五十年）という書物を翻訳したことがあります。ハロッドは経済学が専門ですが、哲学や論理学の領域にも大きな業績のある人で、それに、この本は、小さいものですけれども、なかなか洒落《しゃれ》たところがあります。この本の内容はお預けにして、その或る個所で、彼がイギリスの——広くヨーロッパの——エリートのための伝統的な古典語教育に触れていたことを私は思い出しました。

　エリートになろうとする人間は、幼い時から、ギリシア語やラテン語を学び、それらの散文や韻文を英語に移す仕事、逆に、英語の散文や韻文をギリシア語やラテン語に移す仕事を課されて来ました。大変に難かしい仕事でしょう。それが彼地の伝統です。こういう古典語を学んでも、それで外国旅行の役に立つというようなものではなく、むしろ、古典語と現代の英語との間の大きなギャップを乗り越えるという悪戦苦闘を通じて、英語そのものの本質を掴《つか》み、同時に、言語と表裏一体の思考力を身につける、表現力を身につけるというのが、古典語教育の狙いなのです。英語とフランス語との間、英語とドイツ語との間には、親戚関係のようなものがあるので、つまり、大きなギャップがないので、あまり教育的意味がないのです。しかし、私たちにとっては、英語やドイツ語やフランス語が、彼らにとってのギリシア語やラテン語に似た意味を持っているのです。

私は外国語の勉強が好きであったので、随分あれこれと手を出しはしましたが、また、少しは読めるようになりましたが、話す方は一向に駄目です。しかし、少し読めるお蔭で、英独仏、何冊かを翻訳して来ました。苦労なものです。その苦労のお蔭で、私の文章は、いくらか鍛えられたように思っています。

19　「それ」へ逃げないこと

翻訳には二人の主人がいる

私は男ですから、お産をした経験はありませんが、経験のある女の人の話によりますと、お産は大変に辛《つら》いもので、その当座は、二度とお産などするもんかと思うのだそうです。ところが、暫く経つうちに、何時《いつ》か、その辛さを忘れてしまって、またお産をすることになるのだそうです。

どうも、翻訳という仕事も、少しお産に似たところがあるようで、仕事の最中は、辛くて堪《たま》らず、もう二度と翻訳なんかするものか、と堅く心に誓うのですが、仕事が済んで一年か二年経ちますと、性懲《しょうこ》りもなく、また新しい翻訳の仕事に手を出してしまうのです。そういう次第で、厭だ、厭だ、と口で言いながら、私は何冊かの外国書を翻訳して来ました。これも、私の執筆史の一面であることは確かなのですが、しかし、翻訳というのは、自分の頭にあることを書くという普通の意味の文章とは相当に違うもので、そこから特別の辛さが生じて参ります。

前にも申しました通り、文章が活字になると、不特定多数に読まれることになります。また、不特定多数の一方の極端には素人がおり、他方の極端には専門家がいるという話もいたしました。普通の文章であれば、この不特定多数を相手にしていれば済みます。素人を飽きさせず、専門家に苦情を言われるような隙がなければ、それで一応は済みます。というより、それだけでも、既に困難な大事業なのです。ところが、翻訳の文章となりますと、御機嫌を伺《うかが》わねばならぬ主人がもう一人殖《ふ》えます。外国の著者です。翻訳というのは、この著者――カントとか、トロツキーとか、ボールディングとか――の著書を日本文に訳して、この訳文を日本の不特定多数に提供するという仕事で、言ってみれば、翻訳者は、外国の著者と日本の読者とを結びつける仲人のようなものでしょうか。

それがなぜ辛い仕事なのか、とおっしゃるのですか。溯《さかのぼ》れば、何のことはない、私の語学力の不足ということに帰着するかも知れませんが、それを暫く棚に上げて考えますと、外国の著者と日本の読者という二人の主人に仕えることの難かしさが根本にあるような気がするのです。どちらか一方ばかり大切にするのでなく、双方を平等に大切にすることの難かしさというのでしょうか。兎に角、一方をあまり大切にすると、他方がお留守になるのです。

仮に明治初年から今日に至る約百年の翻訳史を二つの時期に分けてみますと、第一期は、明治初年から第一次世界大戦まで、第二期は、第一次世界大戦から今日まで、ということになろうかと思います。第一期は、漢文調の文語体が幅を利《き》かせていた時代で、第二期は口語体の時代と言えるでしょう。また、こういう面もあります。第一期は、外国語の読める日本人がゼロに近かった時代、第二期は、外国語人口が急速に増加した時代。

明治時代の名訳

いろいろな必要があって、時々、明治時代に出版された翻訳書を読むことがありますが、実に名訳が多いのです。名訳と申しますのは、訳文が、よく判る明快な日本文であるという意味です。

私自身が明治生れであるためか、英語にしろ、フランス語にしろ、外国語の文章を日本語に訳す場合、日本語が漢文調である方が明快になり易いように思われるのです。それと同時に、外国語人口がゼロに近かった時代ですから、誤訳指摘などをする人間のことを心配せずに、思い切って、達意の訳文を日本の読者に提供することが出来たのではないかと考えられます。つまり、第一期の翻訳者諸君は、二人の主人のうち、日本の読者という主人に大いにサービスして、外国の著者という主人には少しお尻を向けていたように思います。

第二期になりますと、口語体の天下になります。それと一緒に、スタイルの意識が稀薄になって、「思った通りに書く」、「見た通りに書く」という時代に入ります。言い換えますと、外国文を組み伏せるための、日本文の枠というものが私たちの間から消えてしまったのです。日本文の我を張らずに、温和《おとな》しく外国文について行くようになりました。それと一緒に、外国語人口が殖えて、誤訳を発見する力量と趣味とを持つ人たちが、あの不特定多数の中に発生するようになりました。

そのため、良心的な――或いは、臆病な――翻訳者は、原文を徹底的に――或いは、奴隷的に――尊重するようになりました。原文との関係では、何処《どこ》からも苦情が出ないような訳文が多く生れるようになりました。これも、進歩と言えば進歩でしょう。ところが、そういう翻訳の大部分は、一般の読者にとって、大変に読み難《にく》いものなのです。それは当り前の話で、翻訳者が著者という主人の御機嫌ばかり伺って、日本の読者という主人のことを忘れているのですから。

it は、「それ」では済まない

　私の場合ですか。私の訳文については、私でなく、他の方に批評して戴くほかありませんが、私の気持としては、原文尊重とか、原典主義とか、言わなくてもよい当然のことを宣伝して、外国の著者の顔色ばかり窺《うかが》うような翻訳者をあまり尊敬する気にはなれません。著者に尻を向けろ、とは申しませんが、もっと日本の読者を大切にすべきだと思っています。

　例ですか。例にはなりませんが、it の話でもしましょうか。私の流儀として、なるべく it を「それ」と訳さないのです。勿論、「それ」と訳して済むケースもありますが、it が名詞を受けていると思われる場合、「それ」と訳さずに、面倒でも、その名詞（society とか、structure とか、change とか）の訳語（社会とか、構造とか、変化とか）を書くようにしています。そのため、どうしても、訳文が少し重たくなります。その代り、明確になります。本来は、it だけで、著者にとっても、英語国民にとっても十分に明確なのでしょうが、「それは……。それは……」という訳文を読み続けていると、日本の読者は、次第に深い霧の中へ連れ込まれて、何が何だか判らぬような気持になってしまうものです。

　簡単なことですね、と言うのですか。そうです。本当に簡単なことです。ただし、it が何を受けるかが明らかであるならば、と私は付け加えたのです。ところが、実際は、itが何を受けるか、それがあまり明らかでないことが多いのです。societyを受けるのか、structureを受けるのか、changeを受けるのか。そういう場合は、つい、「それ」で済ませたくなります。「それ」にしておけば、原文に忠実ということになりますし、誤解や誤訳の罪を犯さずに済むのです。

けれども、私が「それ」と訳せば、私の免《まぬか》れた負担は、日本の読者が負うことになります。原文を見ている私にとって、itが何を受けているのか判らないのですから、読者にとって、「それ」は益々《ますます》何を受けているのか判らない筈でしょう。そういう場合、余計な冒険だと思いながら、私は、「それ」の代りに、恐る恐る、適当と思われる訳語を書くことにしています。

20　翻訳が出ると困る人々がいること

蚤《のみ》と「精神の勝利」

翻訳という仕事は、お産のように辛いもので、仕事の途中や直後は、もう二度と翻訳などするものか、と思うのですが、不思議なことに、日が経つにつれ、また翻訳してもよいような気分になる、そんなことを申しました。また、今までは、主として翻訳の苦しみについて話しました。そんなに辛いのなら、翻訳の仕事などやめたらよい、とどなたもお考えになるでしょう。ところが、一年経ち二年経つと、性懲りもなく、また翻訳の仕事に手を出してしまうのです。つまり、翻訳の仕事には、辛さというマイナスだけでなく、何かプラスがあるのです。そのプラスの方を話すことにしましょう。

翻訳の仕事をやっていますと、何しろ、全く素姓の違う外国文を日本文に移そうというのですから、どうしても、気に入った日本文にならないような個所に出会うことがあるものです。いろいろと苦労した末、そういう個所を気に入った日本文に訳し、また、著者および読者という二人の主人の顔を立てることが出来たと思った時の快感、これは、翻訳で苦労したことのない方には判って戴けないでしょう。例えば——どうも、下品な例で恐縮ですが——逃げ回る蚤を捕えて、プツンと潰《つぶ》した時の快感、あれに似たようなものとお考え下さい。

そういう次第ですから、負け惜しみを言うようになりますが、原文があまり易しい場合は、この快感を享受するチャンスが減るわけで、張り合いがありません。反対に、相手が少し難物である場合、勿論、こちらの苦労は大きいのですが、首尾よく私のスタイルと申しましょうか、私の流儀と申しましょうか、兎に角、自分の気に入った日本文に作り上げることが出来た時は、少し大袈裟に申しますと、わが精神の勝利とでもいうようなものを感じて、思わず快哉《かいさい》を叫びたくなります。もっとも、戦いの常として、何時も勝つとは限っていません。私のスタイルや流儀を生かす余地がなく、ズルズルと原文に引きずられて、だらしない日本文に落着いてしまうこともあります。

勝利の例を挙げろ、とおっしゃるんですか。しかし、何しろ、お産と同じなので、苦しんだ例は綺麗に忘れているんです。ただ一つ、適切な例とは思いませんが、覚えているケースが一つあります。for the birds という英語がありますね。「ナンセンス」というような意味でしょうか。暫く前、ボールディングの『科学としての経済学』（日本経済新聞社、昭和四十六年）を訳している途中でこの表現にぶつかったのです。ところが、その個所は、「ナンセンス」と訳しただけでは片づかないのです。なぜなら、ボールディングは、それに続けて、鳥のことに触れているからです。つまり、著者は小さな洒落を言っているのです。これには困りました。いくら苦労しても、洒落を日本文で生かすことなど出来たものではありません。洒落は諦めるとして、さて、どうしたら、せめて大意が生かせるのか。あれこれと考えた揚句、ただ「ナンセンス」でなく、「人間には通用しないナンセンス」という風に補って、「鳥の場合なら……」と次の話へ続くようにして、それでホッとしましたが、快感というところへは行きませんでした。

隠れた検閲官

しかし、言うまでもありませんが、私が翻訳の仕事に手を出すのは、快感のためばかりではありません。快感などという軽いことより、どんなに苦労しても、優れた外国書を日本文に直して、日本の多くの人々に読んで貰おうという使命感、結局、それが私を動かしているのだと思います。

余談になりますが、何年か前のヨーロッパ旅行の途中、ローマで数日間を過ごしました。

私としては、以前に見た名所旧蹟より、町の書店に興味がありました。ローマの書店を歩き回って私が驚いたのは、実に多種多様な外国書がイタリア語に訳されていることでした。日本では、少数の専門家が原文を読んでいるだけで、翻訳がないため、一般の人々には読むチャンスがないような本が、片端からイタリア語に訳されて、しかも安い値段で売られているのです。

現代における日本文化の高さとイタリア文化の高さとをどう比較したらよいか、私には見当がつきません。しかし、私によく判ることは、科学や思想や哲学における諸外国の業績を大衆が母国語で読むことが出来るという点で、つまり、それらが広く大衆に開放されているという点で、イタリアの方が日本とは比較にならないくらい進んでいるという事実です。

ローマの書店から書店へと歩きながら、私が思い出していたことがあります。日本の場合、戦前は言論出版の自由がなく、戦後は大きな――というより、無制限の――自由があるようですが、ひょっとすると、自由のない戦前の方が多方面の外国書が翻訳され、自由の大きい戦後の方が或る傾向の外国書だけが翻訳されているのではないか。つくづく、そう思いました。戦前と戦後とでは多くの条件が違いますから、両者を機械的に比較することは困難ですけれども、極端な言い方をしますと、自由な戦後の日本の何処かに見えざる検閲官が隠れていて、密《ひそ》かに思想統制を行っているのではないかと思われるほど、限られた傾向の――幼稚園的民主主義を鼓吹するような――外国書だけが翻訳されています。

文化の大衆化とインテリの特権

話を本筋に戻しましょう。自分が苦労して外国語で読んで大いに感心した書物が、ヒョッコリ、誰かの手で日本文に翻訳されたという場合、私の気持は、決して簡単なものではありません。これで、立派な本が日本の大衆の手に渡るようになったという喜びと一緒に、自分の特権（?）が何処かへ消えてしまったような淋しさを私は感じるのです。ケチな根性だと自分でも思いますが、正直のところ、一抹の淋しさを感じるものです。恐らく、私だけでなく、世のインテリの多くは、私と同じような淋しさを感じるのではないでしょうか。

一般に知られていませんが、昔、印刷術が発明された時、その後、新聞というものが現われた時、近年、ラジオやテレビの放送が開始された時、つまり、文化が大衆化されるという決定的瞬間に当って、真っ先に新しいメディアを嘲笑し、これに反対したのは、それぞれの時代の高名なインテリだったのです。これを考えますと、何時の世でも、彼らは、文化の大衆化による自分の特権の喪失に対して強い恐怖心を抱いているのでしょう。

翻訳も同じことで、一方、文化の大衆化に大いに役立つのですが、他方、或る種のインテリの特権を奪うことになります。特権を奪われた腹立ち紛《まぎ》れに、「プラトンは、ギリシア語で読まないと判らない」とか、「ゲーテは、ドイツ語で読まねば……」とか、そんなことを呟《つぶや》くインテリが現われるのです。——どうも、文章の話から少し逸《そ》れてしまいました。

21　漢字を大切にすること

何のことか判りますか

戦後の教育が作文や綴方を無視して来ているという事実については何度か触れました。世界中を見渡しても、これは大変に珍しい――大変に情ない――ケースであるということも申しました。しかし、少し落着いて考えてみますと、無視されているのは文章の教育だけでなく、私たちの大切な国語である日本語そのものが非常に粗末に扱われていることに気づくのです。

私は、夕方、研究室から自宅へ帰る時、中野駅で国電を乗り換えねばならぬことがよくあります。五分間ぐらいでしょうか。中野駅のホームにボンヤリ立っていることになります。そういう場合、どうしても、駅の構内の或る建物に記された大きな文字が眼に入るのです。実物は、左から右へ書いてあるのですが、それを縦に書きますと、次のようになります。「信号転てつてこ取扱いモデル駅」というのです。実物では、「てつ」の上に丸印（・）が二つ横に並んでいます。この宣伝用の大看板を見ていると、日本語の運命というものを考え、また、戦後の国語政策の低劣なことを考えて、本当に悲しくなってしまいます。

「転てつ」というのは、勿論《もちろん》、「転轍」のことでしょう。調べてみたわけではありませんが。恐らく、「轍」という字が当用漢字に含まれていないので、「てつ」と書いたのであろうと思います。私は知っているから、右のように想像するのですが、知らない人は、「てつ」を何という字だと思うでしょうか。「哲」ですか。「徹」ですか。「鉄」ですか。「迭」ですか……。そして、どれだという証拠が何処にあるのでしょうか。次の「てこ」は、「槓杆」や「梃子」のことなのでしょうが、これまた当用漢字に含まれていないので、「てこ」と書かれているのでしょう。そして、「てつ」と「てこ」とを続けて「てつてこ」と読まれては困るという配慮が働いて、「てつ」に傍点が附せられているのでしょう。しかし、私は鉄道の技術のことを知りませんので、「転てつ」と「てこ」とが、それぞれ独立の二つのものなのか、それとも「転てつ」のための「てこ」という一つのものなのか、その辺は判りません。

やがて、電車が来て、私はそれに乗ります。電車が少し走りますと、何本も並んだ線路の向側に「退ひ」という文字が見えて来ます。「退避」のことなのでしょう。しかし、「避」というのは、当用漢字に入っている筈です。それなのに、なぜ「ひ」と書くのでしょうか。洒落ではありませんが、なぜ「避」を避けるのでしょう。電車が更に進みますと、右手に病院の大きな看板が現われて来ます。きっと、それが専門なのでしょう、「皮フ科」とだけ大書してあります。「フ」は、言うまでもなく、「膚」のことでしょう。これも当用漢字に入っている筈なのですが、どうして「膚」を避けるのでしょう。

右に挙げた、「てつ」、「てこ」、「ひ」、「フ」というような場合は、前後の関係で、何とか見当がつくのですが、どうしても見当がつかなかった経験があります。

何年か前の夏だったと覚えていますが、箱根山中の茅屋《ぼうおく》に暑を避けていた時、その日の『朝日新聞』をボンヤリと眺めていましたら、「おう面」という字が見えるのです。気をつけて見ると、それが何度も出て来るのです。これには困りました。いくら考えても、全く見当がつかないのです。イライラし、不愉快になって来ました。夏だったので、汗が出て来ました。如何にも易しいようでありながら、何のことか判らない。厭なものです。仕方がないので、その長い文章を最初から丁寧に読んでみました。読んで行くうちに、レンズという文字が出て来ました。それで、やっと、「おう面」というのは、「凹面」のことではないかと気がつきました。気がつくと同時に、もう文章を読み続ける気もなくなって、新聞を投げ出してしまいました。「凹」は――「凸」も――当用漢字に入っていないので、「おう面」と書くほかはないのかも知れませんが、一体、「おう面」という文字を読んで、それで正しい意味を理解する読者が何人いるでしょうか。

敗戦が日本語を罪人にした

御承知のように、日本語を簡略化しようという運動は、遠く明治時代からあったようです。しかし、古い話はやめて、第二次世界大戦頃からのことを考えてみますと、日本軍が南方諸地域を占領していた時期、これらの地域の住民に日本語を教えるという努力が行われていました。私の知る限りで申しますと、当時は、彼らに少しでも日本語が判って貰えればよいという態度で、日本語に間に合わせの簡略化を施していたように思います。日本語そのものとしては、実に粗末に取扱われていたわけです。そこへ、今度は敗戦です。

敗戦となりますと、従来の日本にあったものは、あれも悪い、これも悪い、ということになり、とりわけ、日本語という、この上なく日本的なものの罪が問われることになりました。日本語があったから戦争に負けたのだ、いや、日本が戦争を始めたのも日本語のせいだ、というような議論が盛んに行われるようになり、これからはローマ字でなければいけない、英語を国語にすべきである、フランス語を国語にすべきである、という調子の主張が各方面に現われました。志賀直哉《しがなおや》という作家も、この際、日本語をやめて、フランス語にせよ、という意見を述べていたと思います。

　戦勝の期間、南方占領政策のために粗末に扱われた日本語が、敗戦と同時に、今度は罪人のように扱われることになったのです。罪人ですから、丁寧に扱われる筈はありません。

漢字悪玉論と幼稚園的民主主義

　さて、あの頃、日本語が悪いのだ、とアメリカ占領軍当局を始め多くの人々が言っていましたが、その日本語というのは、漢字仮名交《まじ》り文のことです。漢字と仮名とのコンビネーションとしての日本語のことです。しかし、人々の議論をよく調べてみますと、特に悪いのは、漢字仮名交り文のうち漢字である、というのが人々の意見だったように思います。仮名の方は少し民主的だが、漢字の方は全く非民主的である、日本が民主主義国として再生するのには、先ず漢字を征伐せねばならぬ。そういう空気の中で、いろいろな意見の妥協として生れたのが当用漢字だったのでしょう。右のような漢字悪玉論の空気があった——今もある——ために、当用漢字に含まれている漢字さえ避ける傾向が生れて、「退ひ」や「皮フ科」のような化物が生れて来るのです。

　漢字仮名交り文というのは、日本民族の偉大な伝統である、と私は考えています。私たちの祖先は、千年以上も昔に、これを作り出し、これによってアジア大陸の文化を日本流に消化し普及する道を開き、その後、西洋文明を消化し普及する道を開いたのです。この偉大な伝統を忘れて、漢字を悪玉扱いするような民主主義は、「転てつ」や「退ひ」や「皮フ」や「おう面」などが暗示しているように、甘ったれた幼稚園的民主主義であるほかはないでしょう。

22　振仮名は民主的であること

中学時代、私は「博士」であった

人類のうち、女性の方が男性よりもお喋りだという常識があるようですが、男性も気心の知れた相手となると、かなりよく喋るものです。そして、そういう男の話を聞いていると、十中八九、最後は自慢話に落着くものです。女性と比較して、とおっしゃられても、私はあまり女性との交際がありませんので、その点は判りませんけれども、男の場合は、「あれは身から出た錆《さび》だった」とか、「要するに、僕が甘かったんだ」とか、そういう調子で始まった話が、知らぬ間に、自分が如何に度胸があったか、自分が如何に友情に厚かったかという自慢話になってしまうものです。

いや、おっしゃる通り、文章に関する私の話にしても、煎《せん》じつめれば、何のことはない、私の自慢話で、それをジッと聞いていて下さる方々には、本当に申訳ないと思っています。

そこまで、正直に申上げてしまった勢で、今度は、思い切って、大いに自慢することにしましょう。そうです、勿論、半世紀近い昔の話です。

中学の一年生か二年生の頃です。当時は漢文という科目があって、私たちの中学では、永原先生という方が授業を受持っておられました。かなり御高齢の方でした。漢文の授業は、一週間に二回か三回であったと思いますが、一カ月に一度ぐらい、先生は教科書をお持ちにならずに教室へ来られるのです。そういう時、先生は、最初から一言も口をお開きになりません。黙って、黒板一杯に三十ばかりの熟語をお書きになり、それが終りますと、やはり、黙って私たち生徒を見渡されるのです。

熟語の例ですか、もうよく覚えていませんが、忸怩とか、揣度とか、別墅とか、そういう程度のものです。生徒が手を挙げます。指された生徒が、「ジクジ」とか、「シタク」とか、「ベッショ」とかいう風に正しく読んで、その意味を正しく説明すると、先生は、閻《えん》魔帳《まちょう》を開いて、その生徒に一点を与えるのです。一学期の間に十点を得ますと、仮に学期末の試験で零点を取っても、十点という満点が貰えることになっておりました。

先生が教科書をお持ちにならずに教室へ入って来られるたびに、私は飛び上って喜んだものです。私には自信があったからです。私の得点は忽《たちま》ち十点になりました。先生は、その学期中だけ通用する「博士」という名称を私に与えて下さいました。その代り、博士になりますと、仲間の生徒がみんな答えられなくなった時でなければ、手を挙げることが出来ないという制度でした。まだ黒板に幾つかの熟語が残っていて、仲間がもう答える力がないのを見届けてから、先生は、厳かな声で、「博士」とお呼びになり、それで漸く私は手を挙げる権利を得るのです。博士になってからも、一点、一点と点を得て、私は二十点になりました。先生は私のために「大博士」という名称を作って下さいました。大博士は、博士が答えられなくなって初めて手を挙げることが出来るのです。

ああ、振仮名よ

あれから半世紀、私は幾度となく得意の気持——失意の気持も——を味わう機会がありましたが、恐らく、あれほど無邪気に得意になれた時期はなかったでしょう。今から考えても、当時の私は、幼い少年でありながら、実に沢山の漢語を使いこなしていたものだと思います。と申しましても、漢文教育が主体であった明治時代以前の少年に比べれば、問題にはならなかったでしょうが、それでも、漢語の持つ美しさや力強さに心を惹かれていましたし、複雑なものを簡潔に表現する漢語の秘密に気づいていました。今の私ですか、そういう魅力は今も感じますが、当用漢字という牢獄に入れられてからは、いろいろな言葉を使うチャンスを奪われ、使いこなす力も何処かへ消えてしまいました。私にしてみれば、小さいながら、自分の精神的財産を失ったわけです。財産は失いましたが、それでも、或る有名な大学教授の次のような文章に接しますと、駄々っ子のように、昔へ帰りたくなるのです。「人民がつねにそのもとにくらしていた法であっても、それがかれらのような自由人にふさわしいものでないことを、人民がさとったならば、……げんざいかれらがもっている政府よりも有利とおもわれるものを、かくとくするためにあらゆる手段によって努力することを……ためらうべき理由をわたくしはしらない」。

さて、遠慮なく自慢話をして参りましたが、私だけが博士になったわけではなく、私に続いて、何人かの博士が生れました。大切なことは、私にしろ、他の生徒にしろ、それらの熟語を学校で習ったのではないという点です。中学の一年生か二年生のことですから、いくら漢字が大手を振って歩いていた時代とはいえ、小学校で忸怩とか揣度とか別墅とかいうような言葉を学んではおりません。では、どうして知っていたのか、と言いますと、当時の出版物の中には、漢字に振仮名のついているものが少からずあったからです。私の記憶では、徳冨蘆花《とくとみろか》の『不如帰《ほととぎす》』の中で、別墅という言葉に初めて出会い、ベッショという振仮名で読み方を知り、前後の関係から別荘の意味だと判ったような気がします。

戦後、漢字悪玉論の大勢の中で、振仮名は、前近代的であるとか、野蛮であるとか、国辱であるとか、いろいろな理由で征伐されてしまいました。しかし、考えてみますと、振仮名のお蔭で、高い学歴のない人間でも、仮名さえ読めれば、他人に頭を下げて尋ねるまでもなく、豊かな漢字の世界へ自然に入って行くことが出来たのです。案外、民主的な親切な方法だったのではないでしょうか。

進歩か、退歩か

一体、世の中は進歩しているのですか、退歩しているのですか。本当に、私はそれを考えてしまいます。『週刊朝日』（昭和四十九年七月十九日号）を見ますと、その年の朝日新聞社入社試験の問題が載っておりまして、そこに、「つぎの漢字にふりがなをつけなさい」という問題があって、狼狽、仄聞、夭折、困憊、奢侈、嗜好、拉致……というような言葉が十個並んでいます。申すまでもなく、この問題は、大学卒業を目前に控えた秀才才媛を相手に出された問題です。この問題を見た時の私の気持、泣きたいような、笑いたいような気持、これはうまくお伝え出来そうもありません。この程度の漢字なら、その昔、小学生の私がスラスラと読めたものです。勿論、小学校で教わりはしなかったでしょうが、振仮名という親切なもののお蔭で読み方を知り、それを覚えてしまったのです。どうも、民主化が進むということは、愚民化が進むことのように思われてなりません。

23　簡潔は美徳であること

同じ十分間では、日本語は英語の半分しか情報を伝達できない

昭和四十六年の夏だったでしょうか、日米間で沖縄返還協定が調印されました。人工衛星のお蔭で、私たちは、愛知《あいち》外務大臣とロジャーズ国務長官とが調印する有様をテレビで見ることが出来ました。あなたも御覧になったでしょう。

御承知のように、この返還協定の内容については、賛成の意見と反対の意見とが烈しく対立していました。しかし、どちらの意見を取るにしても、あれが厳粛な瞬間だったことに変りはありません。ところが、厳粛な瞬間だと知りながら、テレビを見ているうちに、私は、思わず、笑い出してしまいました。そうですか、あなたも笑った組ですか。しかし、テレビを見ていらっしゃらない方もあることですから、少し説明することにしましょう。調印式で、ロジャーズ国務長官が短い演説をしました。勿論、英語です。英語の演説が

始まったと思うと、同時通訳の日本語が聞こえ始め、英語は聞こえなくなりました。同時通訳に当ったのは、どうやら、アメリカ人であったように思います。演説の内容は、こういう場合におきまりの美辞麗句の羅列で、別に問題はありません。問題は、同時通訳の日本語の神風的なスピードなのです。明瞭で正確な日本語なのですが、あまりに猛烈なスピードなので、とても意味を辿ることは出来ません。生れてから今日に至るまで、私は、あんなに速い日本語の話は聞いたことがありません。本当にビックリしました。

しかし、そこまでは、まだよいのです。そのうち、ロジャーズ国務長官は演説を終って、演壇から自分の椅子へ戻り、稍〻《やや》寛《くつろ》いだ姿勢になりました。ところが、同時通訳の日本語は——通訳者の姿は見えませんが——まだ続いているのです。何秒ぐらいでしょうか、まさか、一分ということもないでしょうが、この時間が私には大変長く感じられ、それと同時に、思わず笑い出してしまったのです。私が笑っているうちに、漸く同時通訳の日本語が終りました。誰だって、笑うのが当り前でしょう。しかし、私の心には、苦い後味が残りました。笑ったのが軽率であったようにも思われて来ました。

ロジャーズ国務長官の話は、恐らく、普通のスピードであったろうと思います。仮に早口であったにしても、あの同時通訳のような非常識なスピードではなかったろうと思います。それなのに、日本人である私にも意味が摑《つか》めぬような、あの非常識な——非人間的な

渡辺裕之

特戦群時代の親友・田村がスリランカで行方不明!? 同日に起きたテロと誘拐。二つの事件は偶然か、それとも——。人気シリーズ第七弾！

死香探偵 真心は捧げられた死と香る

喜多喜久

書き下ろし

「死香」研究のため同居する風間と潤平。だが風間は姉に「潤平を研究材料だと考えている」と指摘され……。人気シリーズ第五弾！

●726円

清水幾太郎

ーナリストとしても活躍した著者による体験的文章指南。〈解説〉斎藤美奈子

●90

三木清 戦間期時事論集

希望と相克

三木清

長山靖生 編

不況にあえぐ国民が軍部の暴走に同調する中、現実に寄り添いながらも理想を捨てなかった三木清の時事随想を収録。気骨のある精神と生き方に学ぶ。

●990円

新装版 孤闘 立花宗茂

上田秀人

乱世に義を貫き、天下人に「剛勇鎮西一」と恐れられた猛将の、対島津から対徳川までの奮闘と懊悩を精緻に描いた、中山義秀文学賞受賞作。〈解説〉末國善己

●858円

楠木正成 新装版（上・下）

北方謙三

乱世到来の情勢下、大志を胸に雌伏を続けた悪党・楠木正成は、倒幕の機熟するに及んで寡兵を率い強大な六波羅軍に戦いを挑む。〈解説〉細谷正充

●上748円
下770円

内

死の陰謀

オッドアイ

●814円

――スピードの日本語でも、それに追いつくことが出来ず、時間の大きなズレが出来てしまったのです。もし同時通訳が国務長官と同じような常識的なスピードを守っていたら、その意味が私によく判る半面、所要時間は、当然、二倍か三倍になっていたでしょう。

どうも、大変に機械的な話で申訳ありませんが、右のような事情を考えますと、十分間なら十分間に伝達し得る情報量という点で、日本語は英語の半分か三分の一という結論が出て参ります。

外国の「新書」は、日本の「新書」の三冊分の情報を含んでいる

もう少し、この考えを進めてみましょうか。他のすべての条件が同じと仮定して、日本の小学校で四十分の授業で伝達し得る情報量は、アメリカの小学校で同じ四十分間の授業で伝達し得る情報量の三分の一ということにならないでしょうか。小学校だけでなく、大学の講義についても、同じことが言えるでしょう。私の専門である社会学の方面で申しますと、日本の社会学教科書の多くが貧弱なもの（いいえ、分量のことで、内容のことではありません）であるに対して、アメリカでは、片手で持ち上げられないような教科書がありますが、これも右の事情と何か関係があるような気がします。

何時の間にか、話し言葉の世界から書き言葉の世界へ入ってしまいました。勿論、活字

の大きさ、行数、紙質……いろいろな要素が働いていますので、到底、一概には申せませんが、大体のところ、外国の薄い書物を日本語に翻訳しますと、相当の大きさの本になるものです。相手が相当の大きさの外国書である場合は、先方が一冊なのに、翻訳では、上、中、下三巻になってしまうことがあります。

話は飛びますが、数年前のヨーロッパ旅行の折、方々の都会でいろいろの本を買いました。その中には、日本で「新書」と呼ばれているような小さい安い本が何冊かあります。その多くは、やはり、公害問題を意識してでしょう、自然観念の歴史などを取扱っています。しかし、今は、内容より分量のことが問題です。書店の店頭にズラリと並んでいる、それらの新書（？）の一冊を、もし日本の新書に翻訳したら、どうしても、上、中、下三冊ぐらいになってしまうのです。戦後、知らぬ間に、新書判というのが、日本の書物の最も普通の形態になり、私たちの知的胃袋は、新書一冊で満足する程度に小さくなってしまったのではないでしょうか。

私は何が言いたいのか、とおっしゃるのですか。そうですね、文章作法から随分離れたところへ来てしまったような感じがしますが、以上のような話から敢えて一つの教訓を引き出すとしますと、日本人たるもの、文章の簡潔という美徳を忘れてはならないということになるでしょう。

少い言葉でキチンと書こう

文章を書くことに一生を献げている人たちの間にも、御承知のように、沢山の言葉を使って綿々と書く人がいるかと思えば、少い言葉で手短に書く人もおります。こういう違いは、何処から生れるのでしょうか。体力に自信のある人、自分でも長寿を全うすると思っている人、何事にも丹念な人、気の長い人……そういう人は、沢山の言葉を使って綿々と書けるのでしょう。私など万事が正反対なので、出来るだけ少い言葉でセカセカ書くことになるのでしょう。私には、どうしても、大河的論文は書けそうもありません。

「セカセカ」と「簡潔」とは、前にお話した「思いつき」と「アイディア」とは違って、完全に重なり合うものとは思われません。従って、私の自慢をすることにはなりませんが、以上のように、日本語とヨーロッパ諸国の国語とを少々乱暴に比較してみますと、日本文では、簡潔な書き方というのが、或る特別な重要性を持っているように考えられるのです。簡潔という美徳を大切にしないと、私たち日本人は、情報の伝達という点で外国人に大きく負けてしまうような気がするのです。

それなら、日本語をやめて、英語かフランス語を国語にするがよい、という御意見の方がおられるでしょうが、私としては、何処までも漢字仮名交り文という日本の伝統を守りたいと思います。逆に申しますと、漢字を不潔なもののように取扱う、仮名ばかり多い、戦後の文章は、簡潔という点で大変に不利な情報を持っています。また、一切の漢字を放逐したカナモジの文章も、ローマ字の文章も、主張される方々の御苦心はよく判りますが、簡潔とは逆の方向へ進んでいるようです。簡潔の美徳を守るのには、どうしても、一方では、漢字の使用にもっと大きな自由を認めることが必要になり、他方では、少い言葉でセカセカ書く私の流儀を参考にして戴くほかはありません。また、正直な話、英和辞典は大きいのを持っているが、漢和辞典や国語辞典は持っていない、持っていても、殆ど使わない、そういう人間は大嫌いです。

四　話し、聞くための方法

24　話し方にもルールがあること

人気作家も喋ることは苦手か

　今まで文章の書き方ばかり問題にして来ましたが、今度は、一つ、話し方という問題に触れてみようかと思うのです。待ってました、などと言われては困ります。実は、話し方については、書き方以上に、よく判らない点が多いのです。

　もう二十年ぐらい前のことですが、『二十四の瞳』で有名な壺井《つぼい》栄《さかえ》さんと一緒に四国地方へ講演に行ったことがあります。主催者は中央公論社で、当時、毎月、私は、同社発行の『婦人公論』に原稿を書いていましたので、そういう事情から、人気のある壺井さんと組んで、同誌の宣伝に一役買ったというわけです。

　どの町だったでしょうか、四国の或る県庁所在地の大きな講演会場であったと覚えています。主催者の簡単な挨拶があって、先《ま》ず、彼女が講演し、それから、私が喋ることになっていました。演題ですか。いや、全く覚えていません。問題は、演題より時間だったのです。といっても、よくお判りにならないでしょうが、彼女が一時間、私が一時間という風に、それぞれの持ち時間が決っていたのです。ところが、割れるような拍手に迎えられて、彼女が演壇に上って――失礼な言い方を許して下さるでしょうか――何やらボソボソと喋っていたかと思うと、「何をお話してよいか判らなくなりました」と言って、サッサと演壇を下りてしまったのです。会場には、忽《たちま》ち猛烈な拍手喝采が起りました。彼女が演壇に立っていたのは、精々のところ、五分間ぐらいであったと思います。

さあ、大変です。あんなに驚いたことはありませんし、あんなに困ったこともありません。私が喋るまでには、まだ一時間ぐらいあると思って、ノンビリした気持でいたところへ、急に演壇に上ることになった上に、主催者側は、壺井さんの残りの分――五十五分？――も引き受けて喋ってくれ、と言うのです。飛んでもない。確かに、私は講演には少し慣れていますけれども、そんな手品のような真似は出来ません。しかし、それでも、自分の話に多少の尾鰭《おひれ》をつけて、一時間半ぐらいは喋ったでしょうか。

書くことと話すことの関係という問題を考えるたびに、きっと、私は、二十年前の四国の或る講演会場での壺井さんのことを思い出すのです。思い出すと同時に、いろいろな疑問が心に浮んで来るのです。

沢山の作品を書いて来た方が、どうして、僅《わず》か五分間、しかも意味不明の話しかしなかったのか。私は、あれこれと理由を考えてみました。第一に、何か気に入らないことがあったのではないか、そうも考えました。しかし、四国というのは、彼女のホーム・グラウンドのような土地で、みんなから大歓迎を受けていましたし、彼女自身、何時もニコニコしていたのです。第二に、執筆の上でひどく忙しかったのではないか、そうも考えました。しかし、四国の講演は降って湧いた話ではなく、二ヵ月ぐらい前から決っていたことで、一時間という約束も初めから決っていたのです。万事を承知の上で、私たちは東京から四国までやって来たのです。仮に、東京出発の直前まで執筆に追われていたとしても、途中の列車や汽船の中で一時間分の話の筋ぐらいは作れたでしょう。

どうも、こういう調子で話して行くと、故人を責めるように聞こえるでしょうが、それが私の本意ではありません。なぜ本人に聞かなかったのか、とおっしゃるのですか。以前から懇意な間柄であったら、勿論《もちろん》、遠慮なく聞いたでしょうが、そういう間柄ではありませんでしたし、それに、何と言っても、迷惑を受けたのは明らかに私なのですから、私が聞けば、どうしても、責める結果になります。そんなわけで、理由や事情が判らぬままに何年か経ち、そのうち、彼女が亡くなってしまったのです。

私の知らぬ他の会場で彼女が大いに雄弁であったかどうか、それは私には判りませんが、実は、私にとっては、あれに似た経験が他にも幾つかあるのです。その一つを申しますと、平和運動などで国際的にも活躍していたことのある有名な作家――今度は男性です――と一緒に、京都であったかと思いますが、講演会へ出たことがあります。その時も、壺井さんほどではありませんでしたけれども、一時間か一時間半という約束なのに、十五分ぐらいで、「もう話すことがなくなりました」と言って降壇してしまい、残りを私が引き受けたことがあります。

なぜか、とおっしゃられても、私には答えようがありません。理由が判らないのです。ただ、当っているか否かは別として、想像することは出来るように思います。私も雄弁な作家を何人か知っていますので、一般的な断定は危険だと思いますけれども、第一に想像されるのは、本気でないということです。自分の生命というか、価値というか、それは書くことにあるので、講演が如何《いか》に下手でも、それは自分に関係ないことで、むしろ、講演など下手であった方が、執筆一筋の純粋な生き方が鮮明に現われるというような気持から、講演の準備も構想も最初から投げていたのでしょう。また、それに応えるように、聴衆の方も拍手喝采を送ったのでしょう。そして、失礼な言い方をすれば、作家は、それに甘えていたのでしょう。

第二に想像されることは、一般に話し方のルールが出来上っていない、いや、出来上っていないどころか、考えられてもいないということです。壺井さんだけでなく、どの作家にしても、大変な努力を重ねて、自分なりの文章のルールというか、スタイルというか、それを鍛え上げて来た人々です。それを鍛え上げる過程と、執筆一筋の純粋な生き方とは、或る深いところで結ばれているのだと思います。しかし、私は考えるのですが、話し方にも、書き方の場合と同じように、大切なルールやスタイルがあるのです。少くとも、ある筈なのです。もし価値ということを言うのなら、話し方のスタイルは、書き方のスタイルに比べて、決して価値の低いものではないのです。

原稿は用意しても……

何度も申しましたように、戦後の日本の教育は、文章の書き方という、民族の生命にかかわる大切な問題を無視して来ました。しかし、話し方に至っては、それ以上に無視されているのではないでしょうか。話すことぐらい、人間なら誰でも出来るという考え方なのでしょう。確かに、気心の知れた家族や友人の間なら、誰でも自由に話せます。しかし、よく知らぬ大勢の人間の前へ出て、誰が立派に話せるでしょうか、そういう場合の話し方のルールは、一体、どういうものでしょうか。

結論などというものではありませんけれども、私自身の経験を反省してみますと、全く平凡な感想ですが、書き方のルールと話し方のルールとの間には、あまり大きな違いはないような気がします。自分の好きな講演者の真似をするとか、強い言葉は出来るだけ避けるとか、簡潔という美徳を重んじるとか、要するに、文章作法としてお話して来たことの大部分が話し方のルールとしても大いに役に立つと思うのです。

また壺井さんを責めるようになって申訳ありませんが、もし彼女が話し下手であると自覚なさっていたら、そして、講演というものに本気であったのなら、一時間分の講演の原稿をキチンと用意なさるべきだったと思うのです。そうしたら、さだめし、立派な内容のあるお話をなさって、聴衆に深い感銘を与えることになったでしょう。

私ですか。私は、以前からの癖で必ず講演の原稿――詳しいメモでしょうか――を作ることにしています。しかし、それを読み上げはしません。読み上げるくらいなら、活字として読んで戴けばよいのです。それに、原稿を読み上げたのでは、こちらが直接に話しかける、みなさんが直接に聞いて下さる、その面白さというか、生命というか、それが消えてしまいます。

私のは、時々、原稿に目をやりながら、話を進めて行くという方法です。この方法を用いますと、あまり脱線しないで、理路整然と話して行くことが出来ます。また、話すべき内容を忘れるのではないかという不安――よく途中で忘れてしまうものです――から解放されます。また、うまく間《ま》を取ることが出来ます。

25　型に嵌《は》まった美辞麗句は避けること

「朔風《さくふう》吹き荒《すさ》ぶ北海の野《や》に……」では、内容の真実味が伝わらない

あれは、敗戦の翌年だったと思います。民主主義の出発点などと当時を懐かしく思うインテリもいますが、一般の人間にとって、当時は、飢餓、荒廃、混乱の恐ろしい時代でした。その時代に、鉄道で働いている人たちの弁論大会が行われたことがあります。会場ですか。東京駅の前にある鉄道省だか運輸省だかのガランとした講堂のようなところでした。そこで全国雄弁コンクールのようなものが行われ、どういう理由か、年来の友人である大《おお》河内《こうち》一男《かずお》氏——当時は、東大経済学部の助教授だったでしょうか——と私とが審査員ということになったのです。

よく覚えていませんが、この全国コンクールに先立って、日本の各地で鉄道関係者の小規模な雄弁コンクールが何度も行われ、その日は、各地の優勝者が東京に集って、そこで

雄弁日本一が決定されるということであったと思います。私たち審査員は、演壇に近い特別の席に坐って、各選手の演説の内容や発声や態度などについて採点をするというわけです。本当に、妙な仕事を引き受けたものです。何しろ、日本一を決めるという仕事ですから、私は大いに緊張していました。

　最初に登壇したのは、北海道代表でした。私は、彼の第一句をよく覚えているのです。「朔風吹き荒ぶ北海の野に……」というのです。私は身の置場がないくらい恥ずかしくなり、思わず、下を向いてしまいました。美文調の文句だけではありません。奇妙に気取った抑揚があるのです。耳を塞《ふさ》ぎたくなりましたが、審査員なのですから、それも出来ません。それから、彼が何を喋ったか、私は全く覚えていません。地獄の底にいるような十五分か二十分かが過ぎて、彼の話は終りました。

　次に登壇したのは、九州代表でした。ええ、第一句を覚えています。「不知火《しらぬい》燃ゆる筑《つく》紫潟《しがた》……」というのです。私はまた恥ずかしくなり、下を向いてしまいました。大河内助教授がどうしていたか、それに注意する余裕もありませんでした。

　昔、サイレント映画の時代には、弁士というのがステージの隅にいて、映画の筋や人物の会話などを歯の浮くような美辞麗句で補っていたものですが、あの調子です。そう言われてもピンと来ない、とおっしゃられると、もう、何をお話しても無駄なような気がしますが、しかし、型に嵌まった美辞麗句で話し始めたら最後、自分の切実な経験も、真面目な勉強の結果も、何一つ盛り込むことが出来なくなるものです。

弁論の世界に今も残る美文調

さっきも申しましたように、日本中が、飢餓と荒廃と混乱なのです。選手たちの職場である鉄道の方にも、困難な問題が山積している筈ですし、彼らの心中を覗《のぞ》いてみれば、これらの問題に関する経験、研究、疑惑、決意が充満している筈です。それなのに、大部分の選手の話は、そういうことには一つも触れないで、結局、「われらの若き力に御信頼あらんことを」という調子の、全く内容のない言葉で終っているのです。

この話はやめましょう。古いことですし、あまり愉快な思い出でもありませんから。あれから随分時間が経っていますから、万事は変っているでしょうが、しかし、方々の大学の弁論部などの様子を見ますと、どうも、あの調子がかなり残っているような気もします。そう言えば、判るでしょう。あれなんです。内容を離れた弁論の悲壮なひとり歩き、と言ったらよいでしょうか。あれは全く閉口です。

特に研究したことはありませんが、日本で雄弁や弁論ということが真剣な問題になり始めたのは、第一次世界大戦後の民主主義時代であったような気がします。民主主義という約束がない間は、多くの人間に向って喋るチャンスがあるのは、大臣、将軍、社長、先生などに限られており、どんなに下らない話でも聴く方は温和《おとな》しく聴いていないと損をするわけですから、弁論術など発達する筈はありません。そう考えますと、第一次世界大戦後に初めて雄弁や弁論が問題になった理由も判るのです。ところが、前にも申しましたように、この時代というのは、美文の伝統が崩れて行った時代です。例の「一瓢を携えて墨堤に遊ぶ」という流儀の文章、つまり、既に出来上っている名文の型ばかり大切にして、自分の正直な経験や気持を無視するような文章、そういう美文の伝統が崩れて行った時代です。「見た通りに書きなさい」、「思った通りに書きなさい」という、あまり役に立たぬ勧告が始まった時代です。

私には不思議に思われることが一つあるのです。よく調べれば、何も不思議はないのでしょうが、現在の私には不思議に思われるのです。だって、そうではありませんか。第一次世界大戦後の民主主義の空気の中で文章の世界から消えて行った美文の伝統が、同じ空気の中から生れた弁論の世界、そこへ入り込んで、ドッカリと腰を据《す》えてしまったように思われるからです。空々しい文章が消えた——少くとも、減った——時代が、空々しい雄弁が現われた時代なのですから。

忘れられたレトリック

こんなことが言えるかも知れませんね。戦後の教育の中で、書き方が無視されて来た以上に、話し方という問題が無視されて来たことは前にも申しましたが、それに加えて、文章の場合は、書いては消し、書いては消して、コッソリと何度も書き直しが出来ますが、人前で話す時は、よほどの経験や準備があれば別ですが、待ったなしの一本勝負で、赤恥をかく危険が大いにあるため、知らぬ間に、既成の無難な型に頼るということになるのでしょう。

結婚披露宴に招かれるたびに、私は、あの敗戦直後の雄弁コンクールに出席した時と少し似た気分になります。司会者が、「次は新郎の恩師であられる××先生の御祝辞を戴きたいと存じます」と言っているのに、立ち上った先生は、わざわざ、「私は、只今御紹介に与《あず》かりました××でございます」と無駄な念を押し、それから、型に嵌まった美辞麗句(?)をウンザリするほど並べたてた揚句、「異常、甚《はなは》だ簡単ではございますが、新郎の類《たぐい》稀なるお人柄の一端を御紹介申上げまして、御祝辞に代える次第でございます。御清聴有難う存じました」で漸く終ります。私は、きっと、特別に恥ずかしがり屋なのでしょう、コンクールの会場と同じように、下を向いて、小さくなっているほかはありません。

私たちは日本人です。日本語は、私たちが生まれた瞬間から学んで来た言語です。日本語は、英語、ドイツ語、フランス語、……世界中のどんな言語よりも貴重な言語です。その日本語を、どうして、私たちはもっと大切に、もっと巧みに、もっと賢く使わないのでしょう。どうして、私たちは日本語のレトリックを忘れているのでしょう。

26　講演は聴衆との間の「対話」であること

初対面の聴衆に向って

私の経験から申しますと、講演で一番難しいのは、文章の場合も同じですが、やはり、話し始める時のように思います。

大学の講義などと違って、普通の講演では、私と聴衆とはお互いに初対面（?）なのです。初対面というのは変な言い方ですが、兎に角、お互いに気心の知れない相手ですから、私の方も緊張していますし、聴衆の方も緊張しています。両方とも堅くなっているわけです。特に聴衆の方にしてみれば、壇上の私は、多くの場合、「偉い人」なのですから、それだけ堅くなっている、というより、一種の警戒態勢に入っていると言った方がよいでしょう。

あれは誰だったでしょうか、講演の最初に弁解を言ったり、弱音を吐いたりしてはいけない、という注意を述べた人がありますが、全くその通りだと思います。「私は不勉強な人間なので……」とか、「何も準備して参りませんでしたが……」とか、こちらは軽い儀礼的な意味で言ったつもりでも、相手は大いに緊張していますから、それをただの儀礼と受取るだけの余裕がなく、本気でそう考えてしまうことがあります。そうなったら最後、後でいくら名論卓説を述べても、あまり効果が挙りません。特に威張る必要はありませんけれども、弁解や弱音は絶対に禁物です。さて、弁解や弱音は口に出さないとして、始末が悪いのは、初対面であるための緊張した空気そのものなのです。緊張した空気がなぜ悪いのか、とおっしゃるんですか。そういう空気があると、何と言ったらよいのでしょうか、私と聴衆との間に壁のようなものが出来てしまうのです。壁というより、膜と言った方がよいかも知れません。

　私が何を喋っても、私の言葉は、この壁や膜を通して漸く聴衆に達するという風になるのです。私の言うことを理解してはくれるのですが、それが聴衆の心の底にコトリと落ちない、そういう感じがするのです。今までの何百回かの講演の中には、この壁だか膜だかが最後まで残って、後味の悪い結果に終ったことが何回かあります。こちらとしては興味ある有益な内容の話をしたつもりですし、聴衆も最後に盛んに拍手してくれましたが、私の感じでは、お互いに心が通い合わなかったような気がするのです。

壁を突破する方法ですか。それが判っていれば苦労はないのです。しかし、これだけは言えます。講演の最初の段階で聴衆が一度にドッと笑ったら、十中八九、壁も膜も消えてしまうものです。緊張した空気はなくなり、警戒態勢は終ります。「偉い人」の姿が見えなくなり、聴衆は私の言葉を素直に受取ってくれるようになります。そして、私の言葉の一つ一つに反応を示してくれるようになります。あまり好きでない流行語を使いますと、一種の「対話」が生れて来るのです。

笑わせる方法はない

笑わせる方法ですか。それは駄目です。テレビの司会者などがよく私たちを笑わせようと努力しますが、あまり成功しませんし、それに、あれは卑《いや》しい感じがします。無理に笑わせようとしても、聴衆は義理に少しは笑ってくれるものの、本当に笑いはしません。涙は高級で笑いは低級という、一種の厳粛主義が私たちの間にありますが、これは非常に浅薄な見方ですし、また、多くの人々を笑わせることは、恐らく、多くの人々の涙を誘うことよりも難かしいでしょう。

古い話ですが、こんな経験があります。どの地方か、どんな会場か、すっかり忘れてしまいましたが、話し始めてから五分間ぐらいでしょうか、初対面の緊張状態が一向に解けず、少し閉口していた時、説明の必要上、壇上の黒板に白墨で或る言葉——何という言葉だったか、覚えていませんが——を書いたのです。正確に言うと、書こうとしたのです。ところが、その黒板はよほど古いものらしく、黒い塗料が剝《は》げ、板の木目が出ています。私が字を書いても、満足に読めはしません。書きながら、「ひどい黒板だな」と私はウッカリ言ってしまったのです。

勿論、口の中で呟《つぶや》いた程度のことなのですが、黒板が前近代的であったのに対して、マイクは超近代的だったのでしょう。その高い感度のために、私の呟きが会場の隅々まで響き渡り、聴衆全体がドッと笑って、それまで緊張した空気が一遍に消えてしまったことがあります。

いいえ、私は緊張絶対反対を唱えているわけではありません。最初の段階の、初対面から来る緊張を何処《どこ》かで打開する必要があると言っているだけのことで、その後は、問題の発展に応じて、大いに緊張して貰ったり、また、大いに笑って貰ったり、要するに、私と聴衆とが一つの呼吸をするようになればよいのです。といったところで、そんな名人芸が私に出来る筈はありませんけれども、それが、すべて講演というものの理想であろうと思います。

聴衆が笑ってくれたら、と私は申しましたが、そういう点で、菊池寛という作家は大変に恵まれた条件を備えていたという話です。私は、戦前、二度ばかり、当時の文藝春秋社で姿を見かけたことがあるだけですけれども、あまり風采の上らぬ、ズングリした人でした。非常に高名な作家でしたから、彼の講演会には、彼を憧れる多くの聴衆が緊張してやって来る、そこへ、あまり風采の上らぬ、ズングリした菊池寛が姿を現わしただけでドッという笑声が起り、それで緊張の壁や膜が一度に破れたのだそうです。しかし、その真似だけは出来ませんね。

聴衆の反応が判らなければ「対話」はない

私には何冊かの著書があります。しかし、誰が何処で私の本を読んでいるか、それは判りません。読んだ人が深く感激したか、腹を立てて古本屋へ売ってしまったか、それも判りません。ところが、通常の講演の場合は、聴衆が私の眼の前にいるのです。そして、筆記したり、拍手したり、居眠りしたり、チューインガムを噛んだりしているのです。弥次を飛ばす人は例外として、話をしているのは私だけで、聴衆は全体として黙っています。黙ってはいますが、私の考えでは、講演というものは、話をする私と、それにいろいろな反応を示す聴衆との間の――もう一遍、あまり好きでない言葉を我慢して使いますと――「対話」として初めて成り立つように思われます。聴衆の反応がないと、私の一人相撲になってしまい、話を続ける元気が次第になくなって来るものです。

苦い思い出があります。これも二十年以上も昔のことで、場所は横浜の或る会場でした。実は、この会場が主催者の大変な御自慢で、音楽会用の理想的な設計が施してあるというのです。どんな設計か、私にはよく判りませんでしたが、いざ、演壇に立って、講演を始めてみると、なるほど、音楽会用としては理想的な設計なのかも知れませんが、講演会用としては最悪の設計だと判りました。

その会場は、壇上の私の声がスーッと聴衆の方へ流れて行って、聴衆の背後の扉に吸い込まれて行くように作られているのです。音が一方的に流れるようになっていて、聴衆の間に生れる音は、私の方へは全く流れて来ないで、聴衆の背後へ流れて行ってしまうのです。熱心な聴衆でした。何度か笑いました。しかし、それは口を開けるから判るので、笑い声は私には聞こえません。その他の反応も、私の方へは伝って来ないのです。確かに、ベートーヴェンを聴くのには理想的でしょう。しかし、私の言葉と聴衆の反応とが一組になって成り立つ講演にとっては、最悪の会場、いや、薄気味悪い会場でした。

27　聴衆との戦いに勝つこと

バッタの大群に襲われながら、私は暗闇に向って叫んだ

今も申しましたように、講演というのは、講演者の言葉と、聴衆の反応とが一組になっているものだと思います。しかし、案外、それに気がつかない主催者が多いのではないでしょうか。気がつかないというより、講演者をスター扱いしているのかも知れません。演壇のあたりだけを極端に明るくして、聴衆が坐っている席の方を暗くしている会場がよくあります。暗闇の中に私の姿――大した姿ではありませんのに――がポッカリ浮き出すという趣向なんでしょうけれども、私にとっては迷惑千万な話で、最初から最後まで、聴衆の表情が全く判りません。講演の粗筋《あらすじ》は最初から用意してあるにしても、表情が判らなければ、何処を強調してよいのか、その見当がつきませんし、兎に角、張り合いがないものです。

はい、極端な例があります。どうも、古い例ばかりで恐縮ですが、何しろ近年は殆《ほとん》ど講演をしておりませんので、新しい例が少ないのです。これも二十年以上も昔のことです。或る夏の夜、西宮《にしのみや》球場で講演した時のことです。私が立っているのは、球場の真中というより、何時《いつ》も投手が立っているあたりでしょうか。そこに演壇が作られていて、ナイター用なのでしょう、途方もなく大きな電燈が私をグルリと囲んで、その光が私に向けられているのです。熱くて堪《た》まったものではありません。何千か何万か知りませんが、聴衆のいるスタンドは、これは完全な暗闇です。表情など問題になりませんし、拍手や笑声も空へ吸い込まれて、なかなか私のところへは届きません。一体全体、聴衆が存在しているのかどうか、それさえ怪しいような気持になってしまいます。

昔から、予言者は荒野に叫ぶものと相場が決っていますが、暗闇に叫ぶのは何者なのでしょう。主催者としては、大いに工夫もし、費用もかけたのでしょうが、私にとっては、何を話しても、惨《みじ》めな一人相撲に終るような会場でした。

ところが、これには景品があるのです。こういう景品です。大きなライトに囲まれた演壇が、きっと、あの地方一帯で特別に明るい場所になったためでしょう、私が話し始める頃から、無数のバッタが雨のように演壇へ降って来るのです。私の顔にも、私の背中にも、コツンコツンとぶつかります。

ライトの熱気との戦い、スタンドの暗闇との戦い、それに加えて、降り注ぐバッタとの戦いです。いいえ、滑稽どころの騒ぎではありません。講演が終って、その辺を見ますと、何万匹か、何十万匹か、死んだバッタの山です。後で、主催者側の人が言っていましたが、これだけバッタが死ぬと、今年は、この地方一帯は大変な豊作になるのだそうです。

大き過ぎた反応

本題へ戻って、それなら、反応がありさえすればよいのか。いや、そう簡単なものでもないようです。あまり猛烈な反応があると、今度は、反応との戦いというのも必要になって来ます。バッタと戦ったのと同じ年だったと思います。冬の寒い夜、当時の社会党委員長の鈴木《すずき》茂三郎《もさぶろう》さんと一緒に、名古屋の金山《かなやま》体育館で喋ったことがあります。テーマは、平和憲法擁護ということであったと思います。聴衆は何万人でしょうか、あの大きな会場をギッシリと埋め尽した上、通路や演壇にも坐り込んでいます。大部分は、名古屋地方の労働組合の人たちです。寒い夜なのに、ムッとするような熱気と埃《ほこり》とがたちこめていて、開会前から、いろいろな叫び声が会場に響いているのです。

私が先に話をして、それから鈴木さんが話すことになっていました。鈴木さんは沢山の経験をお持ちでしょうが、正直なところ、当時の私は、こんなに多数の昂奮した聴衆を相手に話したことはありませんでした。弱音を吐くな、と前に申しましたが、実は、登壇して喋り始める時、思わず、弱音を吐いてしまいました。私としては、若干の計算があって、わざと弱音を吐いた面も少しはあるのですが、やはり、弱音はいけませんね。どんな弱音か、とおっしゃるんですか。

「私は、生れてから今日に至るまで、こんなに沢山の人たちの前でお話したことはありません」。今でも覚えていますが、これが私の第一句でした。さあ、物凄い反応です。会場全体に亘《わた》って、「弱音を吐くな」、「気の弱いことを言うな」、「ひっこめ」、「馬鹿野郎」……というような怒号の波が起ってしまいました。もう手のつけようがありません。

前にアメリカのロジャーズ国務長官のことに触れましたが、当時の国務長官はダレスという人だったと思います。ダレス氏は何回か訪日しましたが、訪日のたびに、日本に再軍備の圧力がかけられるという噂で、憲法擁護派にとっては、一番の悪玉になっていました。そこで、私はダレス氏を持ち出したのです。

会場の怒号が静まるのには、三十秒ぐらいかかったかと思います。壇上の私にとっては、本当に長い辛い時間でした。漸く静まったのを見届けてから、私は第二句を喋りました。これもよく覚えています。「本日のこの盛大な有様を、何の御用か存じませんが、よく日本へいらっしゃるダレスという方に、一目、見せて上げたいと存じます」。再び物凄い反応です。「そうだ」、「偉いぞ」、「やったぞ」……というような叫びと笑声と拍手、これも三十秒ぐらい続きました。それが静まった後は、私と聴衆とが一つの同じ呼吸をするような条件が生れ、大変に楽に講演を進めることが出来ました。今日でも、もし第二句が思ったような効果を挙げなかったら、と考えると、ゾッとします。この場合などは、反応との戦い、聴衆そのものとの戦いが先ず必要だったわけです。――多くの人間の前で喋るというのは、いろいろな意味で戦いですね。

話し易い会場

ええ、困難の少い戦場ということですか。その問題にお答えすると、私が如何にもスレッカラシのように思われて、大変に迷惑なのですが……。しかし、そうおっしゃるなら、私も正直に申上げますが、聴衆が千五百人ぐらいで、その人たちがギッシリと会場を埋めている場合、これは楽ですね。ギッシリと、という点が大切で、聴衆同士がピッタリ接して坐っていると、その一人がクスッと笑ったのがきっかけで、満場が大笑になるものです。これに反して、人数が相当多くても、聴衆がユッタリした椅子に腰かけて、人々の間に隙間があると、みんな何時までも冷静な個人で、当方としては、誠に始末に困ります。ピッタリ接して坐っていると、冷静な個人が消えて、昂奮し易い群集になるのでしょう。

28 メモを取らずに、自分の頭に刻みつけること

盛んな拍手が起る時

確かに、講演は随分やったものです。何千回ということはないでしょうが、何百回かはやっています。或る意味では、スレッカラシと思われても仕方がありません。私が誰かの講演を聴いた回数ですか。さあ、それは、全く申訳ないのですが、戦前戦後を通じて、僅か数回しかありません。申訳ないことです。

聴いた例となりますと、どれも戦前ですが、直《す》ぐ思い出せるのは二つぐらいなものです。一つは、法政大学の講堂で聴いた、西田幾多郎《にしだきたろう》という有名な哲学者の講演です。肝腎の話の内容は、その時も全く理解出来なかったのですから、覚えている筈はありません。覚えているのは、この哲学者が黒板に白墨で円を書いたということだけです。

もう一つは、真珠湾攻撃の一年前か二年前、当時、文部省主催の諸学振興……――正確

な名称は忘れました――とかいう講演会が行われており、私は、講師をしていた上智大学から派遣されて、京都帝大の講堂で、田辺元《たなべはじめ》という、これも有名な哲学者の話を聴いたことがあります。内容は、何も覚えていません。日本中の男という男が国民服というもの――私は着たことがありませんけど――を着ていた時代に、この哲学者がゾロリとした和服を着ていたのを珍しく思っただけです。どうも、下らないことばかり覚えていて、これも申訳ない話です。

講演は、どう聴いたらよいか。それは困りますよ。何しろ、殆ど聴いたことがないんですから。ええ、講演者として見た、つまり、壇上から見ての聴き方を話せ、とおっしゃるんですか。全く奇妙な問題ですね。しかし、そう言われてみれば、気のつくことも一つや二つはあります。

壇上から見ていると、女性の聴衆というのは、実によく頷《うなず》いてくれますね。あんなに頻《ひん》繁《ぱん》に頷かなくてもよかろう、とこちらが思うくらい。きっと、平常から頷く癖がついているのでしょう。しかし何を言っても、直ぐ頷かれてしまうと、妙なもので、こちらは却《かえ》って張り合いがなくなります。もっとも、これはみな古い話で、近頃は殆ど講演をしていませんので、或いは最近の女性は、何を聞いても、頷くどころか、フンと言うぐらいなのかも知れません。

そうです。拍手は嬉しいものです。壇上の人間にとっては、聴衆の間から大きな拍手が起ると、ただもう有難くなって、謝礼も何も要らぬ、という気持になってしまいます。それは本当に嬉しいものです。しかし、どういう場合に大きな拍手が起るかと申しますと、私が何か新しい大切なことを話して差上げた時ではないのです。そういう場合は、どちらかというと、半信半疑、「はてな」というような表情で私を見るもので、拍手など起りはしません。それとは反対に、聴衆が前から知っていること、夙《つと》に信じていること、それを私がいくらか巧みに——と自分で言うのは恐縮ですが——喋りますと、猛烈な拍手喝采が起るものなのです。ですから、拍手を有難く思う講演者は、自然に、苦いことは言わなくなりますし、また、聴衆が快い講演会によって学ぶというチャンスは少いものなのでしょう。

メモは役に立つか

メモですか。敗戦後数年間の講演会では、みなさんが熱心にメモを取っていました。あれは、特別な時期だったからでしょう。しかし、あの頃でも、厭な思い出が何回かあります。それは、私の話は一向にメモしないで、私が「パスカル曰く……」とか、「カント曰く……」とか、偉い人の言葉を引用した時だけ慌ててメモを取る人、そういう人を何度か会場に発見したことです。あれは厭な気分でした。私自身の話なんか、メモに値しないのでしょう。その代り、あの人たちは、その後、誰彼に向って、「パスカル曰く……」「カント曰く……」と偉そうに喋ったことでしょう。

　メモは、私も、小さな研究会などで取ったことがありますが、全体として、殆ど役に立たないものですね。近頃は、やめました。いいえ、やめることをお勧めするつもりはありませんが、私自身としては、メモというものの価値を深く疑っているのです。

　外国旅行にカメラを携帯するのは、謂《い》わば常識のようなものです。勿論、私も、初めのうちは、この常識を守って、あれも、これもとレンズを向けていました。ところが、日本へ帰って、現像してみますと、へえ、こんな寺院へ行ったのか、こんな彫刻を見たのか、という調子で、自分が実際に見たものを綺麗に忘れている始末です。寺院も、彫刻も、私の目や心を素通りして、徒《いたず》らにフィルムに保存されているのです。私という人間は通過駅のようなもので、そのくらいなら、日本にいて絵葉書でも見ていた方が賢明でしょう。そんな経験が度重って、この頃は、カメラを持っては出かけますものの、見境もなしにレンズを向けることをやめて、先ず、自分の目でよく眺めるように心がけています。

一つでも心に残ったら儲けもの

カメラよりも、翻訳の話をしましょう。私は何冊かの洋書を翻訳したことがあります。翻訳するとなりますと、その原書を熱心に、そうです、世界中の誰よりも熱心に読むことになります。そして、悪戦苦闘の末、訳文が出来、訳書が出版されます。ところが、本当になさらない方が多いでしょうが、訳書が出版された時、私は、その本の内容を何一つ――と申しても言い過ぎではありません――覚えていないのです。内容は、原書から訳書へ移動しているのですけれども、私の精神は、移動の際の通過駅のようなもので、大変な苦労をしたにも拘《かかわ》らず、私の精神に見るべき痕跡を残していないのです。そこで、全く馬鹿らしい話ですが、その本の内容を知るためには、一人の訳者としてでなく、一人の読者として、もう一遍、原書なり、訳書なりを読み直さねばならないのです。

これは、私だけの癖か、何という不幸な癖だろう、と久しく思っておりました。そのうち、気がついてみますと、マルクスとか、マックス・ヴェーバーとか、そういう偉い人たちの著書を堂々と翻訳して来た方々が、今度は御自分で何かお書きになったものを読みますと、どうも、あまり大したことはない。その例が多いのです。マルクスも、マックス・ヴェーバーも、この方々の精神に深い痕跡を残していないことが想像されます。私と限らず、一般に、翻訳というのは、訳者の頭を素通りするものなのかも知れない、と近頃では考えております。

メモにも、カメラや翻訳に似たところがあるようです。どんな内容の講演であるかという問題もありましょうが、熱心にメモを取っていると、話の内容は、私たちの頭を素通りして、メモへ移ってしまう。むしろ、目を閉じて――閉じなくても構いませんが――ジッと聴いていて、それで、一つでも、二つでも、何か心に残るものがあったら、拾いものじゃないでしょうか。欲ばってはいけません。メモなど取らずに聴いていた方が、拾いものに出会う率は高いようです。最初から最後まで、一言一句に深い意味があるなどというのは、無理な注文ですし、また、仮にそういうことがあったとしたら、グロテスクです。本も同じことで、或る頁、或る行、或る句が有益であれば、それで満足すべきでしょう。文章を書く場合も同じことで、どんな名文家でも、書きたいことの全部が書けるものではありません。書いているうちに、或る流れというか、或る軌道というか、そういうものが自然に出来てしまい、書きたいと思うことでありながら、どうしても、この流れに乗らぬ、軌道から滑り落ちる、そういう論点が生じて来るものです。こういう時は、欲ばらずに、思い切りよく諦めた方が得です。しかし、この問題は、失礼ながら、少し高級過ぎるかも知れません。兎に角、何事も欲ばらぬこと。

五　読み、考えるための方法

29 自分自身を確かめること

日記を書く話

今度は、日記の話ですか。急転直下ですね。そうでしょう。今までは、不特定多数を相手にする文章とか、大勢の前で喋る講演とか、そんな話をして来たのに、今度は、誰に読ませるのでもない、誰に聞かせるのでもない、本当に自分のためだけに書く日記の話をしろ、というのですから、やはり、これは急転直下ですよ。大袈裟に言えば、公の世界から、私の世界への逆転です。日記というのは、何処《どこ》にもお客のいない、自分だけが読み、自分だけが判る文章なのですから。

しかし、この一億を越える日本人の中で、一体、何人の日本人が、毎日、日記をつけているのでしょうか。年末になると、書店や文房具屋の店頭に、いろいろと意匠を凝らした日記帳の山が出来るところから考えますと、相当の数の人が買うのでしょう。しかし、

「三日坊主」という言葉がまるで日記のためにあるような気がするくらい、一年間、日記を書き続ける人は少いように思います。それでも年末になると、来年こそは……と決心して、また立派な日記帳を買う人がいるのでしょう。どうも、禁煙を決心しては失敗する人の場合に似ているような、それと反対のような、そんな感じがします。

私の場合ですか。誰でも同じでしょうが、小学生の時、夏休の日記を書かされたのが最初の経験です。前にも申上げたように、私は文章を書くことの好きな少年ではありましたが、夏休の日記は駄目でした。何も書かずにウカウカと日を過ごして、愈〻《いよいよ》夏休が終るという頃になって、一度に書いたものです。「今日も、××ちゃんと遊びました」。「今日も、××ちゃんと遊びました」。遊ぶのに忙しくて、日記をつける暇がなかったとも言えますし、ことによると、みんなが一斉に書いて、先生に提出して、それで点を貰うような文章は、日記というものではない、と子供心にも気がついていたのかも知れません。何《いず》れにしろ、本気で書きはしませんでした。

現在ですか。この何十年間か、日記をつけて来たと言えば言えないことはありません。ただ、私が書いているのは、日記という言葉から想像されるような上品なものでなく、むしろ、商売上のメモです。今日までの生活の中で、月給と称するものを貰った期間が短く、その金額も大したものではなく、結局、文章を書いて生活するという小さな商売——はい、本当に商売なんです——を営んで来ましたので、某月某日、某誌に二十枚書いたとか、一枚何円貰ったとか、某社の印税が遅れているとか、某記者は油断のならぬ男であるとか、要するに、そんなことをノートに書きとめるだけの話です。私にしても、内面生活という高尚なものが多少はあるのでしょうが、そういう高尚らしいものを書くのが商売であるため、いくら書いても原稿料にならぬ日記にはあまり熱心になれないのでしょう。商売が違えば、もっと日記に熱心になれるとも考えられます。

淋しいと日記を書く

いいえ、私だって、丹念に日記を書いたことはあります。それは、日本の外で生活した期間です。昭和十七年、陸軍徴員としてビルマへ行っていた時も、そうでしたし、翌年、一人で中国大陸をウロウロ歩き回った時も、そうでした。戦後、何回か、諸外国を旅行した時も、そうでした。

なぜか、と開き直られると、うまい答もありませんが、まあ、第一には、旅行中は、肝腎の商売が休業になるということがあるでしょう。平素なら原稿へ向けられていたであろうエネルギーが、旅行中は日記へ向けられるということですか。第二には、新しい環境ということがあるでしょう。何も彼も珍しいと言えば言えるわけです。某月某日、午後何時何分、何某飛行場に着陸から始まって、ホテルの住所、自分の部屋のナンバー、宿泊料、夕食の値段や味……一向に内面的でも高尚でもありませんが、そんなことをノートに書きとめることになります。

しかし、第三に、何と言っても、旅行中は淋しいのです。新しい土地で新しい文物や人間に触れて得た感想というか、それらに対する私の反応というか、日々、それを書きとめることが、自分が生きていることの証拠のように思われて来るのです。自分で書いて自分で読んで気持が落着くというわけで、自分自身との「対話」のようなものです。周囲の事物と自分の反応とを書くことで、日々、自分を確かめているわけでしょう。

ただ、そういう場合は、誰に読んで貰う必要もないので、気が緩《ゆる》むのでしょう、面倒になると、自分だけに判る記号で済ませる（ホテルをHと略したり）こともありますし、また、別に格調が高いわけではありませんけれども、一般に、文語体になってしまいます。「……なるべし」とか、「……ならんか」とか、自然に、子供の頃に馴染《なじ》んだ古いスタイルになってしまいます。

日記は文章修業の道か

日記をつけることは、文章の修業になるか。さあ、そこですね。修業になる、とあなたはおっしゃる。私の意見では、大臣の答弁のようで恐縮ですが、修業になるとも言えるし、ならないとも言えるような気がするのです。時折、新聞や雑誌に、諸名士の日記が一週間分ぐらい載ることがありますが、果して、名士諸君が年間を通じて日記を書いているのか、書いているとしても、活字になったようなスタイルで書いているのか、これはかなり怪しいと思うのです。本当は、新聞や雑誌のために特別に書いたというケースが多いのではないでしょうか。勿論《もちろん》、職業や人柄によって違うことで、一概には申せませんけれども、キチンとしたスタイルで日記を書き続けるのは、かなり難かしいことでしょう。一般に、日記は、自分だけが読むもの、自分だけに判ればよいものですから、つい、誰でも気が緩みます。これに対して、他人に読んで貰う、他人に判って貰う文章となりますと、精神の異常な緊張が必要になって来ます。日記の文章と普通の文章とでは、根本の約束がひどく違うのです。日記をつけることが、右から左へ文章の修業になると言い切れないのは、そのためです。

しかし、そうは申しましても、両方とも文章は文章なのですから、日記をつけることを通じて、文章を書くことに慣れるのは間違いないでしょう。それに加えて、もし日記が不特定多数の眼に触れた場合でも、その人たちがよく理解してくれるようなスタイル、興味を抱いてくれるようなスタイルで自分の日常生活を書こうという努力を続けたとしたら、それは、もう文章修業の大変に立派な方法ということになります。抑〻《そもそも》、そういう態度で日常生活を観察したら、外国旅行の時と同じように、この見慣れた東京の町々も、何の変哲もない家族や同僚も、きっと、或る新鮮な姿で浮び上って来るでしょう。しかし、そこまで行けたら、その人は、もう一人前の作家です。少くとも、作家の卵です。何もみんなが作家になる必要はないでしょうが、文章の上達ということを真剣に考える方は、是非とも、右のような態度で日記をつけて下さい。上達疑いなしです。

けれども、一年間、こういう調子で日記を書き続けるというのは、大変に骨の折れる仕事でしょう。年末に日記帳を買う人たちの多くは、恐らく、右のような野心を抱いて新しい年を迎えるに違いありません。しかし、その仕事の重さに堪《た》え兼ねて、やがて、日記をつけることをやめてしまうのでしょう。

30　読書を受身の精神活動に終らせないこと

読書日記はどうですか

日記も結構ですが、読書日記というのは、どうですか。これなら、無理に毎日書かなくても、これぞと思うような小説や論文を読み終った時でも、読んでいる途中でも、その感想を書けばよいので、普通の日記より気軽に書けるのではないでしょうか。一週間に一回でもよいし、十日に一回でもよいのです。一日に一回、勿論、結構です。これが有利な点は、日々の——恐らく、あまり変りばえのしない——生活を反省するのでなく、小説や論文という立派な材料があるからです。読書日記の方がずっと楽だと思います。

文章の書き方を話してくれ、という御注文なので、何処までお役に立つか自信のないままに、話を続けて来たのですが。みなさんは、文章を書く以前から、当然、沢山の文章を読んで来ているわけでしょう。さんざん読んだ揚句、自分も一つ書いてやろう、ということになったのではありませんか。実際、誰にしても、書くという仕事の前に、読むという仕事をやっているのだと思います。ところが、読むという精神活動と書くという精神活動とは、まるで親戚のように見えながら、実は、根本的に違うものなのです。天才は別として、普通の人間は、読むことから書くことへ一足飛びに進めるものではありません。この二つのものを何とか結びつけるのが、私のいう読書日記というトレーニングなのです。

読むと書くとは、何処が違うか。読むという精神活動は、何といっても、受身のものです。と申しましても、カントを読むのと週刊誌を読むのとでは、天地の差がありますけれども、書くという精神活動に比べれば、一般的に言って、受身のものです。乱暴な言い方をすれば、義務教育を受けてさえいれば、大抵のものは読めます。小説や論文を読んで、大変に面白く思ったり、大いに啓発されたと感じたりするものです。また、退屈して途中で読むのをやめてしまったり、読み終ってガッカリしたりするものです。これは、私たちが毎日のようにやっていることです。

毎日のようにやってはいますが、さて、何処が面白いのか、どういう点で啓発されたのか、なぜ退屈なのか、なぜガッカリしたのか、それを真面目に考える人が何人いるでしょうか。それを真面目に考えるというのは、一方から見れば、その作品に対する自分の気持を反省することです。他方から見れば、その作品を分析することです。そう言うと、ひどく面倒なことのように思われるでしょうが、要するに、その作品に関する自分の感想をまとめるということです。私が読書日記というのは、この感想を出来るだけ丹念にノートに書きつけることなのです。

あまり楽な仕事ではない。その通りです。或る作家の小説を読んで、感心したり、退屈したりするのには、そう大きな精神的エネルギーは必要ではありませんが、反省にしろ、分析にしろ、多少とも辻褄《つじつま》の合った感想を書くのには、相当の精神的エネルギーが必要です。しかし、毎日書かなくてもよいのですし、材料は目の前にあるのですし、また、誰かに読ませるのでもありませんから、かなり気楽な面もあるのです。そのくらいのエネルギーは、誰だって持っているでしょう。

文章の構造を読む

読書日記の効用ですか。そうですね。自分の感想を書こうと身構えるまでは、面白いという感じ、退屈な感じ、そういう感じしかないものです。そして、感じというものは、一日、二日と時間が経つにつれて、何処かへ消えてしまうものです。感想を書こうとすると、ただの感じでは済みません。感じは、心の中にあるだけで、そのまま書けるものではありませんから。書こうとすれば、この漠然たる感じを反省して、書けるように整理せざるを得ません。整理というのは、感じという全体を分析し、部分を表現する言葉を組立てて、全体を観念的に再構成することです。読書日記というのは、この仕事へ自分を追い込むことで、そこへ追い込まれて初めて、読者の精神と作者の精神とが嚙み合うようになるのです。何時《いつ》も漠然たる感じだけで済ませていたら、何百冊読んだところで、それは読者の心に深く刻み込まれることはないでしょう。そのくらいなら、本など読まないで、パチンコでもやっている方がよいと思います。

　私ですか。先日も申しましたように、業務用（？）の日記はつけていますが、読書日記はつけていません。その代り、これも半分は業務用ですが、読書のノートは作っています。そういうノートは何百冊もあります。何しろ、本を読むのが、しかも、不幸なことに、横文字の本を読むのが、私の商売の一部なので、ノートは必ず作ります。しかし、これは私のような奇妙な商売をやっている人間のことで、あまり御参考にはならないでしょう。

　さて、もう一つ、読書日記の効用があるように思います。書き始めの頃は無理かも知れませんが、読書の感想を書くのに慣れて来ますと、相手の小説や論文の文章としての構造に注意する余裕が出て来るでしょう。どういう点から書き出しているか、次に何を書いているか、その次は何か、どういう風に書き終っているか、何をどう強調しているか……そういう仕組がだんだんと見えて来るでしょう。それが見えて来れば、自分が文章を書く場合の構造にとって大きな参考になると思います。

小説の方が参考になる

以前、文章は建物のようなもので、いろいろな材料を正しい順序で用いなければいけない、と申しました。初めに瓦を地面に並べてしまったら、もう駄目です、とも申しました。太宰治の小説など、私たちはスラスラと一気に読んで、しかも深い感銘を受けるものが多いのですが、そういう、如何《いか》にも軽く書かれているものほど、作者にしてみれば、材料をどう並べるかについて綿密な計算があるのです。ガッシリした骨格があるのです。スラスラと一気に読んで、面白いという感じを持つだけで、計算や骨格に気がつかないうちは、いくら太宰治の全集を読んでも、自分の文章はなかなか上達しないでしょう。

　私のように小説と論文とをゴッチャにするのは困る、とおっしゃるんですか。いや、私にしても、両者が違うことは心得ているつもりですし、みなさんが、小説でもない、論文というほどでもない文章――私はそれを以前から「知的散文」と呼んでいるのですが――を書きたいと思っていることも心得ているつもりなのです。ただ、文章の修業という立場から言えば、論文を書こうという人でも、知的散文を書こうという人でも、先《ま》ず、小説に学ばねばならないと思うのです。

これも自分で読書日記を書いてみないと気がつかないかも知れませんけれども、立派な小説家というものは、文章の上で大変な苦労と工夫とを重ねて来ている人たちなのです。それこそ、一気にスラスラと読んで貰い、大いに感心して貰わねば、世の中から葬られてしまうのです。これに反して、大学教授諸君の書く論文の多くは、何処にも計算などあったものではありません。文章の上で苦労や工夫をするのを恥とでも考えているのでしょう。どんな書き方でも、正しいことは正しいという信念、途中で退屈するのは、退屈する方が馬鹿だという態度なのでしょう。あの真似だけはしない方がよいと思います。

31　誰にも精神生活の可能性があること

強制しても駄目

　何ですって、自分の子供に文章の書き方をどう教えたらよいか、というんですか。全く藪《やぶ》から棒ですね。そんなにクルクル話題が変っては、途方に暮れてしまいます。大人を相手に話しているつもりなのに、急に子供相手の話というのでは。――その種子《たね》を蒔《ま》いたのは先生だ、というのですか。なるほど、学校で作文を教えないのは、戦後の日本の教育の恥である、と確かに私は言いました。この欠陥が正されない限り、家庭で子供の作文の世話を焼くのは、親として当然の義務である。いや、そうおっしゃられると、一言もありません。種子を蒔いたのは、どうやら、この私のようです。よく判りました。

　よく判りましたけれども、子供に文章を書かせる前に、文章を読ませる教育があるのではないでしょうか。いや、書かせるとか読ませるとかいう言い方そのものにも、正直のところ、私は或る不安を感じるのです。そんな理窟めいたことを申上げるより、小学校時代の私の読書についてお話した方がよいかも知れません。

前にもお話したかと思いますが、私が生れ育ったのは、東京の日本橋、隅田川のほとりです。同級生は、殆《ほとん》ど例外なく、商家の子弟でした。世の中の全体がそうだったのでしょうが、特に、こういう商人の町には、文化的空気というものが全くなくて、同級生の大部分は豊かな家庭の子供が多かったにも拘《かかわ》らず、四十名か五十名かの同級生のうち、中学へ進んだのは、やっと一割ぐらいだったでしょう。そんな時代の、そんな土地の話として聞いて下さい。

私の両親も、インテリなどというものではありませんでした。妙な言い方ですが、私は、それを大変に仕合せなことだと考えています。当時の私は本を読むことが大変好きでしたが、有難いことに、私が本を読んでさえいれば、両親は、私が勉強しているものと思って、喜んでいてくれました。私が読んでいたのは、大部分、講談本でした。それから、よく話に出て来る例の立川《たちかわ》文庫も、当時出版されていた限りは一冊残らず読みました。しかし、私が何を読んでいても、両親は、私が勉強しているものと喜んでいてくれました。それに励まされて(?)私は、手当り次第に面白そうな本を読む癖がついてしまったのです。もし、私の両親が高級なインテリであったら、と考えると、今でもゾッとします。高級なインテリであったら、きっと、立川文庫を私から取り上げて、その代りに、もっと上品な、もっと科学的な、もっと芸術的な——今日なら、大いに民主的な——本を私に与えたでしょう。そして、そういう本は、恐らく、あまり面白くなかったでしょう。

私は想像するのですが、そういう上等な本を押しつけられていたら、私は本を読むのがだんだん嫌いになっていたと思います。或いは、両親の眼を逃れて、コッソリと立川文庫などを読み、読みながら良心の痛みを感じていたと思います。そして、何時まで経っても、立川文庫を卒業しなかったであろうと思います。

或る晴れた日に

卒業ということですか。卒業というのは、如何にも軽い言い方で、私としては、覚醒とかインスピレーションとか、もっと大袈裟な言葉が使いたいところです。あれは、四年生の時だったでしょうか、或る日突然、今まで読んで来た立川文庫などがすべて下らないものだ、と感じました。理由なんか判りません。兎に角、厭になったのです。ああ、今でも覚えています。私の家の右隣が松旭斎某という当時の有名な大手品師の家で、その家の横を大溝《おおどぶ》という小さな川が流れていて、やがて、それが隅田川へ注いでいるのですが、立川文庫などが厭になった日の夕方でしたか、この大溝にかかっている橋——といっても、長さは二メートルぐらい――の上で、そういう本がギッシリと入った木箱を近所の友だちにやってしまいました。それで、私はサバサバした気持になりました。しかし、不思議なことに、両親は何も言いませんでした。

非文化的な時代の、非文化的な土地の、非文化的な家庭に育った私の経験は、あまり参考になるとは思いませんけれども、こういう経験があるだけに、私は、子供に書かせるとか、読ませるとかいう言い方そのものに或る不安を感じるのです。

何も読みたくない子供に向って、読め、読め、と勧めてみたところで、読むのが好きになることはないように思います。また、もし子供が或る本を面白く読んでいたら、それが大人の眼から見て、あまり有益な本でない場合でも、自由に読ませておくよりほかに手はないでしょう。それを取り上げることは、十中八九、読書一般への興味を子供から取り上げることになるのだと思います。

自分だけの世界が生れる

さっき、覚醒とかインスピレーションとか、少々オーバーなことを申しましたが、それに似たことは、私のような短気な人間にだけあるのではなく、どんな子供でも、成長の或る時期には同じような精神的事件が起るものと思います。しかし、そんなことを言っても、子供の成長ということには、神秘的と言った方が早いくらい、説明のつかぬプロセスがあるのですから、私も自信があって言っているわけではないのです。けれども、こういうことは考えられませんか。いくら立川文庫を読んでいるといっても、子供は、四六時中、その世界にだけ住んでいるわけではありません。学校の先生の話も聞きますし、友だちとの交際もあります。新聞も読みますし、自分の家庭での経験もあります。以前から私は信じているのですが、一度でも子供の眼の前を通り過ぎたもので、子供の心に痕跡をとどめないものはないのです。幼い日々、そこに働いた無数の多様な力が化合したり反撥したりした結果が、或る日、突然、一つの爆発を起すのでしょう。そういう瞬間が何時かあるのです。それがあるのが、成長という厳粛な事実があることの証拠なのです。この瞬間は、子供自身もそれと気づかないことが多いでしょうし、両親や先生の知らない間に過ぎてしまうことも多いでしょう。

その瞬間に何が始まるのか、とおっしゃるんですか。私にも正確な言い方は出来ませんが、この瞬間に精神生活が始まると言えるでしょう。いいえ、もっと控え目に、精神生活の可能性が始まると言うべきでしょう。私の場合ですか。立川文庫を一冊残らず友だちにやってしまってからも、勿論、好んで沢山の本を読みましたが、ただ、本を読むことや、自分の読んでいる本を他人に知られることが何か恥ずかしいことになって来ました。すべてが自分だけのことになりました。自分だけの世界というようなものが出来て来ました。その経緯は、拙著『本はどう読むか』（前出）に詳しく書いておきましたが、私の場合は、精神生活の可能性などというのは、これまたオーバーのようです。

その瞬間に気がついた場合、親はどうしたらよいのか。さあ、残念ながら、私には判りません。また、万人向の方法など、何処を探してもないでしょう。ことによると、その瞬間に素早く気づくこと、この瞬間を出来るだけ大切にすること、それが教育というものの生命なのかも知れません。——文章の話ですか。それはこの次にしましょう。

32　文章修業に文学趣味を持ち込まないこと

みんなでハイキング

さて、愈々《いよいよ》子供のための文章作法ということになりますが、例によって、私にもあまり名案はないのです。しかし、名案はありませんが、小さな思いつき――いや、アイディアですか――はあります。今日のところは、それで我慢して下さい。

お宅でも、一年に何回か、一家でハイキングをなさるでしょう。ハイキングでなく、レジャー旅行でも何でも構いません。また、列車であろうと、バスであろうと、マイカーであろうと、それも問うところではありません。兎に角、一家で何処かへ出かけるでしょう。私の考えでは、一家で何処かへ出かけた記録を子供に書かせてみるのが、子供の文章教育の第一課のように思われるのです。

そのハイキングで、何を見たか、何をやったか、何を感じたか、何を考えたか……それを出来るだけ丹念に書かせてみたらどうか、というのが私の思いつきです。なぜハイキングというテーマを選ぶのか。私の古い記憶を探ってみますと、私の小学校時代、春秋二回、学校の遠足があって、その後の綴方《つづりかた》の時間には、必ず遠足がテーマとして出されました。そして平常は綴方の嫌いな子供も、遠足がテーマになると熱心に書いていたものです。もう少し理論的（？）に申しますと、次のようになります。

㈠ ハイキングは子供にとって楽しい大事件です。大人にとっては迷惑なこともあるでしょうが、子供から見れば、新しい刺激に満ちた大事件です。それだけに、書く張り合いも出て来るのです。親がうまく勧めれば、子供は何か書くでしょう。新しい刺激のない歩道橋とか、学校とか、友だちとか、そういうテーマでは書く気にならない子供でも、ハイキングというテーマなら書く気になると思います。

飽きることは成長である

㈡ ハイキングには時間的順序があります。前にも申しましたように、最初に何を書くか、次に何を書くか、その次に何を書くか、という順序が、実は、大変に難かしい問題で、私などは無器用なせいもあって、そう長くもない文章の場合でも、順序の問題を考えるために多くの時間を費してしまうことがあります。ところが、ハイキングですと、人間が苦労するまでもなく、自然に備わった順序があります。朝、みんなで家を出る――駅について、列車に乗る――車窓の景色を眺める――目的の駅に着く。そういう自然的順序を追って書くのが、立派な文章だというわけではありません。しかし、子供の文章教育のイロハとしては、この自然的順序を十分に利用することが出来ます。

ハイキングは一度だけではないでしょう。それについて書くのも一度だけではないでしょう。そうなりますと、いくら子供でも、毎回、「朝八時にみんなで家を出ました」と書くのには飽きて来ます。飽きて来ると、「列車はゴトンと動き出しました」という風に書き始めるようになるかも知れません。到着駅の様子や、嬉しくて眠れなかった前の晩の気持から書き始めるようになるかも知れません。

㈢　ハイキングは、通常、親も一緒です。ということは、子供の経験と親の経験とが、或る部分、重なり合っているということです。それは、親が子供の作文教育を指導する資格が多少あることを意味します。ハイキングをテーマに子供が書いた文章を御覧になったら、親の注意を惹《ひ》いた事柄を子供が全く見落していることに気づく場合が多いでしょう。しかし、反対に、親が全く見落していること、何も感じなかった事柄、子供の方がそれに大きな注意を払い、深い感じを抱いている場合もあるに違いありません。親は、作文教育を通して、図《はか》らずも、子供の心を覗くことになります。

耳が痛い、とおっしゃるんですか。「あてこすり」なんて、飛んでもない。失礼しました。そんな心算《つもり》で言ったのではありません。しかし、考え直してみますと、おっしゃる通り、子供のための注意は、そのまま、大人のための注意にもなりますね。何事でも、修業しようという場合には、大人も子供もない、いや、誰だって子供になって出発しなければならないのでしょう。

しかし、ハイキングについて、毎回、出発、発車、景色、お弁当……を書いていると、子供は飽きて来ます。飽きて来ると、今までに何度も書いて来た部分は、面倒になって、書くのをやめてしまうか、または、お義理に書くようになります。そして、特に興味のあったことだけを詳しく書くようになります。いいえ、自然にそうなるとは限りませんので、そう仕向けるのが親の仕事です。そうなれば、自然に、文章の濃淡が出て来ます。抽象という、人間精神の一番大切な働きが、自《おのずか》ら目を覚まします。「飽きる」というのは、一般に、評判の悪い言葉ですが、飽きるところに成長の芽もあるのです。

私の思いつきを少し整理してみると、大体、以上のようになります。もし御賛成なら、やってみて下さいませんか。そして、また、「あてこすり」ではありませんが、子供だけでなく、親の方もハイキングをテーマに一篇の文章をお書きになっては如何ですか。

「芸術写真」はいけない

しかし、一つ、失礼なことを申上げるのをお許しください。あなたのように、子供の作文教育に関心をお持ちの方は、大部分、文学趣味を持っていらっしゃるものです。どうです、図星でしょう。私が申上げたいのは、御自分の文学趣味を子供の文章教育に押しつけたらお仕舞いだということです。子供は、親の文学趣味の犠牲になって、満足な文章を書く可能性を失ってしまうでしょう。昔も、そういうことがありました。世が世なら、自分も大作家になっていたのに……と考えている先生が、御自分の見残した夢を生徒に託して、作文にひどく熱心だったケースが沢山あります。

子供の作文教育に先ず大切なのは、キチンとした楷書です。行書や草書は、楷書が正しく書けるようになってから後の話です。文学趣味を持つ親や先生は、兎角、子供に行書や草書を教えて、よい気持になり、楷書を教えるのを怠るものです。

今は流行《はや》らないかも知れませんが、「芸術写真」という言葉がありますね。つまり、曖昧で意味ありげなもの、ということになりましょうか。それが芸術だ、と居直ってしまったら、もう修業も進歩もあったものではありません。子供の文章教育に大人の文学趣味を持ち込むと、落着く先は、子供が芸術写真に似た文章を書くようになり、親も先生もそれで満足するようになることだと思います。芸術写真はいけません。

これと同じような話ですが、近頃は、新聞の一隅に、幼い子供の書いた「詩」と称するものがよく載っています。一体、誰が子供にあんなものを書かせているのでしょう。また何のつもりで、新聞社はあんなものを活字にしているのでしょう。あれは、詩でも何でもない。子供の片言を文字にしたものに過ぎません。あんなものを書かせるより、判っても判らなくてもよいから、佐藤春夫《さとうはるお》の詩でも子供に読ませることです。諳誦させることです。立派な文章を諳記し諳誦するという、文章修業の手近で確実な方法、どういうわけか、それが全く無視されています。

33　精神の成長の過程を記録しておくこと

なぜ若い日に自伝を書いたか

もう三十年近い昔のことになりますが、『私の読書と人生』という書物を公にしたことがあります。少年時代から敗戦直前までの期間、私がどんな生活をしていたか、どんな本を読んだか、それをスケッチ風に書いた本で、私の著書の中でも、非常に懐しい本なのです。久しく絶版になっていましたが、今は「潮文庫」の一冊として出版されています。

懐しい本なのですが、あれが出版された時は、あまり楽しくない経験もありました。当時、私は漸《ようや》く四十歳台になったばかりでしたが、世間というのは五月蠅《うるさ》いもので、「まだ若いくせに、こんな本を書くのは、老成ぶった気取りである」などと、親しく交際していた人たちから冷たい言葉を投げつけられました。あれは、今から考えても、かなり不愉快なことでした。

確かに、老人になってから自伝的なものを書くというのが一般の慣習でしょう。しかし、私は信じているのですが、自伝的なものを書くことは、年齢とはあまり関係のない仕事だと思うのです。

『私の読書と人生』の場合も、勿論、編集者の熱心な勧めがありました。長い間の文筆生活のため、よほど編集者が勧めてくれないと、何も書く気にならないという悪癖が私にはあります。しかし、編集者の熱心な勧めという外部からの圧力と一緒に、私の心の底にも、自分の過去の生活と勉強とについて何か書いてみようという気持の動きが素直に生れて来ていたのです。年齢のことなど一度も考えませんでした。

そうは申しましても、本当に決定的な自伝が書けるのは、老年に達してからでしょう。欲を言えば、死んでからでしょう。つまり、もう何も新しいことはないという状態になって初めて、自分の過去を一つの完結したものとして書けるのでしょう。高齢になって、もう悪いことをする心配がなくなってから勲章が与えられるのと同じようなものです。そのせいでしょうか、相当の年齢に達した人でも、正面から自伝と銘を打って書かずに、『自伝の試み』とか『自伝への途上において』とかいう標題で書いている例が日本にも西洋にも少くありません。まだ自分の人生が完結していないという気持がそうさせるのだと思います。そういう人は、将来、まだ何か悪いことをするかも知れませんから、勲章は上げられないでしょう。

未来のために過去を記録する

どうして私は『私の読書と人生』を書く気持になったのでしょうか。それを聞かれても、当時は、答えようがなかったと思います。答は、それから何年か経って判って来ました。後から振返って気がついたのですが、あれを書いた昭和二十四年という年は、第一に、或る偶然の事情で、私がジャーナリストとしての長い生活から、なろうと思ってもいなかった大学の教師の生活へ飛び込んだ年です。第二に、これも偶然の事情で、無責任な売文業者から、柄にもなく、平和を目指す政治運動へ飛び込んだ年です。大学教授の方は、それから昭和四十四年まで二十年間、政治運動の方は、昭和三十五年の安保闘争の直後まで十三年間ばかり続きました。世間の人たちから見れば、どれも大したことではなかったでしょう。しかし、私自身にしてみますと、あの年、無意識ながら、或る新しい地点に立ったという気持であったに違いありません。そして、この新しい地点から自分の過去を眺めてみようという気分になったのでしょう。

自分の過去を整理し、自分の過去の意味を明らかにするのが、自伝というものの生命です。あの本を書いた時、私は友人の冷笑を買いましたけれども、現在の私は、自伝の試みは若いうちにやった方がよい、と胸を張って言いたいのです。自分の生涯が完結したら、書くのに都合がよいかも知れませんが、その文章は、これからの自分の成長にはもう役に立ちません。なぜなら、自分に残されているのは死だけなのですから。自伝は、これからの自分の成長のためにこそ書くべきものです。自伝、少くとも、自伝的なものは、若いうちから書くべきです。一度でなく、何度も書くべきものです。

何度も、と言いましたけれども、誰にしろ、実際は、そう何度も書けるものではありませんし、書く気持になれるわけのものでもありません。古くから言われていることですが、真面目に生きて行こうとする人間にとって、人生というのは、山を登って行くようなものです。いいえ、何時も登っているとは限りません。何かの事情で、暗い谷へ下りて行くこともありますが、しかし、全体としては、山を登って行くのです。その途中で、或る小高い地点に達することがあります。俄《にわ》かに展望が開け、自分が辛《から》くも渡ることの出来た川、漸く抜け出した暗い谷、そういうものが眼下に見えて来ます。道はまだ遠い。しかし、自分が辿《たど》って来た道を振返っているうちに、過去のいろいろな事柄の意味が心に浮んで来るものです。昭和二十四年、私は、それと気づかぬままに、そういう小高い地点に立っていたのでしょう。

ああ、あれですか。『わが人生の断片』（前出）のことでしょう。この本は、『私の読書と人生』から二十数年後、更に高い地点に立って、もう一遍、自分の生涯を回顧したものです。期間は、出生から安保闘争後までですが、旧著に比べると、経験もいくらか豊かになり、見方も多少は成長して来ているでしょう。暇がありましたら、比較してみて下さい。

自分の過去を文章として残す

　さて、生意気な言い方で恐縮ですが、過去を眺めて、いろいろな事柄の意味がただ心に浮ぶというだけでは駄目なのです。心に浮ぶぐらいのことは、誰でも、毎日のようにあることです。小高い地点に立った人間は、心に浮ぶものを文字によって固定させねばなりません。昔の哲学者は「意識の流れ」ということを申しました。それが実在というものかも知れません。しかし、悲しいかな、凡俗の私たちは、この流れに浮ぶ数々のものを受身の態度で眺めているだけでは、それは私たち自身の身につかず、何処かへ消えて行ってしまうのです。その時は生命を賭けた事柄でありながら、月日の経つにつれて、何時か磨滅してしまうものです。それを繋《つな》ぎとめて、われとわが心に、二度と消えないように刻みつけるのには、どうしても、これを文章として書かねばなりません。

　それをどう書いたらよいか。しかし、その点は不十分とは思いますが、今までお話して来たことですから、それを応用して考えてみて下さい。それよりも、前にも申しました通り、文章を書く上での順序の問題という難問が、自伝的なものでは、割合に解決し易いという特徴があると思うのです。ええ、あのハイキングと同じようなもので、差当り、人生という自然の時間的な順序を利用して、材料を並べて行くことが出来るのです。今年の前には去年があります。今日の前には昨日があります。この時間の流れの中を、私たちは、捨てようとして捨てられぬ過去を背負って生きて行くほかはありません。私が自伝的なものを大切にするのは、何も一巻の自伝を書くということばかりではありません。自分のすべての経験を、この一つの不可逆的な流れの中に据えようということなのです。

34　書くことは人生の一大事であること

転向が非難される奇妙な国

或る小高い地点、という話をしました。俄かに眼界が開け、今まで辿って来た道が眼下に見えるような地点です。勿論、その地点の高さにもより、また、そこに立った人間の気質にもよることですが、その時、人間は小さなコンヴァージョンの機会を持つのです。

急に英語を持ち出して相済みません。conversion というのは、心が変るという意味です。なぜわざわざ英語を使うのか、とおっしゃられると、どうしても、私が平素から考えていることを申上げないわけには行きません。訳語はあるのです。一つは、回心（エシン、カイシン）です。しかし、これは廃語というほどのこともありませんが、普通は、あまり使われていません。もう一つは、転向です。御承知の通り、これは大いにポピュラーです。前者は、人間が正しい信仰を持つようになること、または、或る信仰から他の信仰へ移ることで、プラスの意味に使われることが多いようです。ところが、後者は、恐らく、日本独特の使い方なのでしょうが、今まで信じていたマルクス主義や共産主義をもう信じなくなること、日本共産党の方針から逸《そ》れて行くことを意味します。その上、それは恥ずかしいこと、罪あること、裏切り、堕落……という大変に強いマイナスの意味を含んでいます。「君は転向したろう」と言われて、ニコニコ笑いながら、「そうだ」と答えるような人は、日本には殆どいないでしょう。つくづく、不思議な国だと思います。

しかし、本当は、不思議な国ぐらいでは済まないのです。なぜなら、こういう奇妙な事情の余波を食って、何によらず、或る人間が一つの考え方から他の考え方へ移ることを転向として非難するという馬鹿らしい空気が日本中に出来上っているからです。

人生の岐路に立って

そうでしょう。私たちが読書や思索に苦労するのは、転向するためではないでしょうか。また、一所懸命に勉強していれば、何時かは必ず転向するに決っています。移り変る世の中を遠くから冷たく眺めているだけで、勉強らしい勉強をしなければ、誰でも転向しないでしょう。いや、転向することが出来ないでしょう。人間の一生ばかりではありません。人類の思想や科学の発展にしても、多くの人たちの転向によって道が開かれて来たのです。

小高い地点などと言って来ましたが、そこに立った人間は、転向のチャンスを持っているのです。程度の差はあるにしろ、古い自分が新しい自分に生れ変るチャンスを持っているのです。今まで見慣れていたものが、或る新しい光の下に浮び上って来ます。そのきっかけは、一冊の本でもよい、その本の一行でもよい、一句でもよいのです。或る人が何気なく語った短い言葉でもよいのです。他人には申分なく平凡に見える小事件でもよいのです。真面目に生きようとする人間にとって、どんなことでも転向の機縁として小さ過ぎるということはないでしょう。もとより、これらの書物や事件そのものに特別な魔力が含まれているのではありません。人生という山を登って来る途中で出会った無数の経験——融合したり、衝突したりして来た無数の経験——が、或る言葉や事件を機会に爆発を遂げるのです。そのために、自分を包む大いなるもの——宇宙、自然、生命、歴史、社会、国家……——と自分との関係というか、この大いなるものに包まれた小さな自分の意味というか、それに新しい眼が開かれるのです。私は偉人や天才のことを言っているのではありません。普通の人間のことを言っているのです。どんな人でも、一生に何度か、こういう地点に立つのです。その時は、誰でもそれに気がつきます。そして、多くの場合、やがて、それは忘れられてしまうのです。言い換えれば、この瞬間に、その経験をキチンとした文章に書くか書かないか、それが、人間が本当に成長するか成長しないか、真実の意味で自分を大切にするか大切にしないかの岐路であると思います。

私は、今日までに何冊かの著書を出版して来ました。多くの読者を得た本もありますし、あまり売れなかった本もあります。しかし、これらの著書の大部分は、私の何回かの転向の産物なのです。他人の眼には大したことではないにしろ、私としては、自分が辛くも辿りついた地点で、或る新鮮な気持でいろいろな問題を眺めることが出来た、その所産なので、そういう張り合いがなかったら、本を書くという厄介な仕事は出来るものではありません。別の角度から申せば、これらの著書の背後には、何時も私の自伝が流れているのです。これは誰の場合も同じことだと思います。

みなさんは、私と違って、文章を書いて生活しているわけではありません。しかし、私と同じように――或いは、私以上に――時々、小高い地点に立っている筈です。どうか、そこで見たものや、そこで考えたものを文章として書いて戴きたいと思います。その場合、何を書いても、それに先立つ自分の生涯との間に或る連続性を持つことになるでしょう。それは、自分の歴史、つまり、自分の自伝の中に含まれるでしょう。

因果論と自由論

書く時の注意ですか。私が思いつくのは、因果論と自由論との対立ということです。いいえ、面倒な哲学の話ではありません。それが人情というものでしょうが、私たちが何か悪いことをして、誰かに責められる時、私たちは、自然に因果論者になってしまうものです。何しろ、かくかくの事情だったのだから、あれは、止むを得なかったのだ、という風に、すべては原因結果の鎖に縛られて、何処にも人間の自由の余地がなかったように弁解するものです。弁解というのは、自分を因果関係の流れに投げ込むような行為なのです。

これに反して、私たちが何か手柄を樹《た》てて誰かに褒《ほ》められる時、私たちは、自然に自由論者になってしまうものです。もっとも、最初のうちは、有利な事情があったのだ、と少しは謙遜もしますが、結局のところ、あれこれと自分の行為の障碍《しょうがい》になるような条件があったにも拘らず、自分の意志を貫き通した、という調子で自由の余地を大きく認めてしまいます。

因果論と自由論とを自分の都合のよいように使い分けるのは、私自身も免かれ得ない誘惑です。また、大きく見れば、人間の行為は、完全な因果論でも、完全な自由論でも説明し尽せるものでなく、因果と自由との複雑な絡み合いというのが真実の姿なのでしょう。しかし、あの小高い地点に立って自分の新鮮な経験を自伝の一節として書くに当っては、因果論と自由論との身勝手な使い分けだけは避けねばならないと思います。むしろ、逆に、自分の罪を自由論の立場で、自分の手柄を因果論の立場で徹底的に考え抜くことがあってもよいでしょう。そう考え抜いた涯《はて》に浮び上って来る自分の意味があるとしたら、恐らく、それが真実の意味なのでしょう。

解　説

斎藤美奈子

清水幾太郎は著名な社会学者だが、今日では『論文の書き方』の著者としての名声のほうが高いかもしれない。岩波新書の一冊として『論文の書き方』が出版されたのは一九五九年。現在、累計一五〇万部を誇るロングセラーである。

文章指南書の歴史の中でも、『論文の書き方』は時代を画す異色の一冊といえるだろう。一言でいえば、それは戦後民主主義の時代に適応した最初の文章指南書だった。

教えは、ある意味、いたってシンプルだ。

「短文から始めよう」「誰かの真似をしよう」「『が』を警戒しよう」

作家や新聞記者や学者など、一部の特権的なエリートに独占されていたメディアをより多く人々に開放しようという意図が、そこにはあったように感じられる。

名文信仰を排し、多くの論者が教師面して教えたがる文章上のオキテも最小限にとどめる。そのかわり文章家としての体験談が、本にはたっぷり詰め込まれていた。

さて、本書『日本語の技術――私の文章作法』は一九七七年、ゴマブックスの一冊として出版された、前著の姉妹篇である。内容的な面だけ見れば、両書の間にさほど大きな差異はない。ちがっているのは、そのたたずまいである。

「まえがき」で著者自身も述べているように、少々お堅めの『論文の書き方』に対し、こちらはおしゃべり文体ともいうべきカジュアルな口調で書かれた文章本だ。

その差はおそらく、媒体の差と時代の差に由来している。

教養主義的な岩波新書（岩波書店）に対し、ゴマブックス（ごま書房）は、先行するカッパブックス（光文社）などと同じ大衆路線の新書のレーベルであり、当時たいへん人気があった。それでなくとも本書が出版された一九七〇年代後半は、文化の大衆化が急激に進んだ時代だ。六〇年代の高度経済成長期を経て訪れた空前の大衆消費社会。知識人と大衆の棲み分けは瓦解し、安保闘争や学生運動に代表される「政治の季節」はとうに去り、大学はレジャーランド化して、難解な文章は敬遠されはじめていた。

知の大衆化とも呼ぶべき新時代の路線に、本書が呼応しているのはいうまでもない。『論文の書き方』が一応ネクタイを締めた学者先生の本だとすれば、『日本語の技術』は休日にポロシャツか何かでカフェにふらりと現れた師が雑談をするイメージ。

実際、読者に語りかけるような「ですます体」で書かれたこの本は、「文章が上手くなりたい」という読者の下心を超えて、エンターテイメント度全開。あれよあれよという間に読む人を本の中に引きずり込む。戦前・戦中・戦後の激動の時代の中で、アカデミズムとジャーナリズムの両方で仕事をしてきた人ならではの「熟練のワザ」である。

清水幾太郎が一貫して批判し、否定するのは学校の作文教育と新聞記事だ。

〈現在、日本の学校教育では、文章を書く方法は殆《ほとん》ど全く教えられていません。こんな情ない学校教育があるでしょうか。稀に作文を指導する奇特な先生がいても、生徒に向って、思った通りに書きなさい、と言うばかりです。抑〻《そもそも》、思った通りに書くというのは、どういうことなのか。それは、勝手にしろ、ということを少し言い換えたものです〉

どうですか、この口の悪さ。返す刀で新聞についてもこの通り。

〈新聞記者の真似はしない方がよい、と私が言いますのは、（略）記者諸君は、主観の入らぬ文章、何処からも苦情の出ないような文章を書く訓練を積んでいるからです〉

〈これに反して、私たちは、一個の個人として文章を書くのです〉

〈文章を書くというのは、自分を表現するということです。／自分の考えと、世の中の多くの人間の考えとが一致していれば、わざわざ、文章などという面倒なものを書く必要はありません。黙っていればよいのです〉

こうした物言いは、学校作文でコンプレックスを抱いた読者の心を解放し、文章界に君臨する新聞の権威をみごとに粉砕してくれる。読者はつまりスカッとするのだ。

するといったい彼は、どんな文章を推奨しているのか。これはもうじつに簡単。要は「おもしろく書け」ってことだ。レトリックの重要性を強調するのも、常にトピックを用意しろと迫るのもそのためで、とりわけ「芸人のように振舞うこと」と題された章（九八ページ）はその白眉だろう。〈芸というのは、見知らぬ人間の心の中へスルリと入っていく技術のことです。／この私にしても、まあ、一種の芸人なのです〉

この本が出た時代から半世紀近くが経過し、メディアをめぐる環境は一変した。新聞記事は真似するなといわれても、新聞を読む人自体が激減した。ただ、この本にはまだまだ有効な教えが含まれている。というより、インターネットの登場で誰もが自由に文章を発表できるようになった現在ゆえに、重要性が増した項目も少なくない。

〈表現を内部から抑制すること〉（五七ページ）はその代表例だろう。〈内部からの抑制が失われて、表現を強くし始めると〉表現はどんどんエスカレートして〈強烈な言葉の空騒ぎ〉に陥る。肝に銘ずべし。炎上騒ぎの多くは、ここからはじまる。

〈枚数および時間の制限を課すこと〉（六二ページ）も意外に重要だ。今日の文章は短文と長文に両極化している。一四〇字の制限があるツイッターなどで短文の技術が磨かれた半面、ウェブメディアは紙メディアとちがって字数制限がないので、ある意味、書き放題である。「半分に縮めろよ、半分に」と毒づきたくなる無駄に長い文章は、ネットメディアに特有の現象といえる。〈余計なことは書かない、肝腎なことだけを書く〉という意識はいまこそ重要だし、また、万民に開かれたメディアゆえに〈書かない部分についても調べておくこと〉（一〇四ページ）が必要なのだ。

ついでにいえば、文章本には珍しい四章「話し、聞くための方法」も、動画配信サービスが発達した今日のニーズにマッチしている。聴衆を前にした講演と動画配信とでは性格が異なる部分もあるけれど、〈講演の最初に弁解を言ったり、弱音を吐いたりしてはいけない〉などは、人前で話すときに、なべて有効な教訓ではないだろうか。

最後に付け加えておくと、この本の最終章で、著者が「転向」について述べているのが興味深い。六〇年安保当時、すなわち『論文の書き方』が出版された直後まで、清水幾太郎は「進歩的文化人」として、反基地闘争の先頭に立つなど、左派論壇をリードする存在だった。が、安保後はジャーナリズムの第一線から一度退き、再びメディアの表舞台に戻ってきた七〇年代には、保守派のイデオローグと化していた。それが「清水幾太郎の転向」「右旋回」とであるとして、当時、大きな批判を浴びたのだ。

〈転向が非難される奇妙な国〉（二一六ページ）以下の部分は、こうした批判に応じて書かれた反論と解釈できる。激高しがちなそんな場面においてさえ、芸人魂を発揮して〈一所懸命に勉強していれば、何時かは必ず転向するに決っています〉と書く。

「よろしいか諸君、私はこんな芸当もできるのだよ」と暗に誇示したような、あるいは「諸君も私にならって多様な文章を書けるようになりたまえ」と鼓舞するような本。

とにもかくにも清水幾太郎が、自由な文章を愛する人だったことだけは間違いない。

（さいとう　みなこ／文芸評論家）

『日本語の技術　私の文章作法』　一九七七年一月　ごま書房刊

中公文庫

日本語《にほんご》の技術《ぎじゅつ》
——私《わたし》の文章作法《ぶんしょうさくほう》

2022年2月25日　初版発行

著　者　清水幾太郎《しみずいくたろう》

発行者　松田陽三

発行所　中央公論新社
〒100-8152　東京都千代田区大手町1-7-1
電話　販売 03-5299-1730　編集 03-5299-1890
URL https://www.chuko.co.jp/

DTP　嵐下英治
印　刷　三晃印刷
製　本　小泉製本

Published by CHUOKORON-SHINSHA, INC.
Printed in Japan　ISBN978-4-12-207181-0 C1195

定価はカバーに表示してあります。落丁本・乱丁本はお手数ですが小社販売部宛お送り下さい。送料小社負担にてお取り替えいたします。

中公文庫既刊より

各書目の下段の数字はISBNコードです。978-4-12が省略してあります。

ウ-9-1
政治の本質
マックス・ヴェーバー
カール・シュミット
清水幾太郎 訳

ヴェーバー「職業としての政治」とシュミット「政治的なるものの概念」。この二十世紀政治学の正典を合わせた歴史的な訳書。巻末に清水の関連論考を付す。

206470-6

き-30-15
エッセイの書き方　読んでもらえる文章のコツ
岸本　葉子

エッセイ道30年の人気作家が、スマホ時代の文章術を大公開。起承転結の転に機転を利かし自分の「えーっ」を読み手の「へえーっ」に換える極意とは？

206623-6

た-30-28
文章読本
谷崎潤一郎

正しく文学作品を鑑賞し、美しい文章を書こうと願うすべての人の必読書。文章入門としてだけでなく文豪の豊かな経験談でもある。〈解説〉吉行淳之介

202535-6

と-12-3
日本語の論理
外山滋比古

非論理的といわれている日本語の構造を、多くの素材を駆使して例証し、欧米の言語と比較しながら、日本人と日本人のものの考え方、文化像に説き及ぶ。

201469-5

ま-17-9
文章読本
丸谷　才一

当代の最適任者が多彩な名文を実例に引きながら文章の本質を明かし、作文のコツを具体的に説く。最も正統的で実際的な文章読本。〈解説〉大野　晋

202466-3

み-9-15
文章読本　新装版
三島由紀夫

あらゆる様式の文章・技巧の面白さ美しさを、該博な知識と豊富な実例と実作の経験から詳細に解明した万人必読の書。人名・作品名索引付。〈解説〉野口武彦

206860-5

よ-17-15
文章読本
吉行淳之介 選
日本ペンクラブ 編

名文とは何か——。谷崎潤一郎から安岡章太郎、金井美恵子まで、二十名の錚々たる作家が綴る、文章術の極意と心得。〈巻末対談〉吉行淳之介・丸谷才一

206994-7